이상한 나라의
수학자

이상한 나라의
수학자

이용재 각본집

너와숲

　작가가 쓴 각본대로 만들어지는 영화는 없다.

　다양한 이해관계자의 목소리를 반영하는 탓이다. 배우와 감독 등 스태프의 의견을 수렴하고, 제작사나 투자사의 의사도 반영한다. 예산과 일정의 제약, 로케이션의 불발도 각본과 다른 영화가 나오는 이유다.

　이 책에 실린 각본 역시 영화와 다르다. 각본에 있으나 영화에 없는 장면, 각본과 사뭇 다르게 찍힌 대목을 그대로 남겼다. 무삭제 각본인 셈이다. 어떤 이는 영화와 대동소이하다고, 다른 누군가는 많이 다르다고 느낄 수도 있겠다.

　영화 감상이 배우와 스태프가 각본을 해석한 결과를 시청하는 행위라면, 각본을 읽는 것은 등장인물과 이야기를 독자 나름대로 풀어내어 재구성하는 일이다. 따라서 각본을 읽는 동안 독자는 자연스레 배우나 감독 노릇을 하며 색다른 경험을 할 수 있다. 여러모로 부족한 각본을 책으로 내자는 제안을 못 이기는 척 받아들인 이유 중 하나다.

두 번째 이유는 이 책을 영화나 TV 드라마 작가 지망생을 위한 참고 자료로 남길 수 있겠다는 생각이다. 이 책에는 같은 제목의 각본 두 편이 실려 있다. 앞엣것이 실제 제작에 쓰인 각본이고, 뒤엣것은 이른바 '초고'다. 초고를 본 제작자가 수정을 요청했고, 그 결과물이 앞쪽 각본이다.

초고는 배우나 투자사에 보이는 글이 아니다. 아직 거칠고 부족한 구석이 많은 탓이다. 더구나 일반 독자에게 보이는 것은 말할 것도 없다. 작가의 밑천만 드러나는 민망한 짓이다. 부끄러움을 무릅쓰고 초고를 넣은 이유는 작가의 머릿속에 반짝 떠오른 아이디어가 영화가 되기까지 겪는 역정을 가늠할 수 있는 기준점이 되리라 생각했기 때문이다.

말미에는 참고했던 책을 실었다. 신문, 잡지, 인터넷 등에 산재한 비도서 자료들이 훨씬 많지만 늘어놓기엔 너무 난삽하고, 이젠 구하기 어려운 경우도 많아 단행본만 정리했다.

수정 작업에 앞서 두서없이 끄적였던 화이트보드 사진도 몇 장 곁들였다. 다시 보니 현재 각본의 큰 틀은 그 판서에서 비롯됐다. 이로써 이 책은 그냥 각본집이 아니라, 늦깎이 작가가 겪은 시행착오의 비망록이기도 하다.

영화가 개봉하고 배우의 탁월한 연기와 스태프의 새로운 해석이 각본의 약점을 가려준 것 같아 가슴을 쓸어내렸다. 그러나 각본이 책으로 나오면 보호막은 사라진다. 꼼짝없이 발가벗어야 할 시간, 식은땀이 돋는다.

출간을 독려해준 조이래빗 대표 하정완 님, 물심양면의 배려를 아끼지 않은 쇼박스 이사 이창현 님에게 감사드린다. 무엇보다 영화 일에 대한 용기와 영감을 준 배우 최민식 님이 없었더라면 이 각본집은 빛을 보지 못했을 것이다.

2022년 3월

일러두기

- 영화에 담기지 않은 장면에는 '●'를 붙였다.
- 영화와 상당히 다른 장면에는 '○'를 붙였다.
- 되도록 국립국어원의 한글 맞춤법에 따랐으나,
  일부 지문과 대사는 작가의 표기를 그대로 살렸다.
- 가독성을 위해 시나리오 용어를 최소화했으나,
  간명함을 위해 몇 가지는 남겼다.
  CUT TO   컷을 바꾼다.
            시간 경과를 표시하거나 교차 편집할 때 쓰인다.
  INSERT   장면 중간에 특정 장면을 삽입한다.
  (인물명)   인물의 모습은 보이지 않고 목소리만 들린다.
  (N)   내레이션.

각본

캐스팅을 완료하고 첫 리딩(2019년 11월) 때 사용한 각본을 다듬었다.
이후 촬영이 진행되면서 일부 수정했다.

1.   Intro, 밤

오프닝 크레디트 위로 바흐의 무반주 첼로 곡.

사각사각… 점점 크게 들리는 연필과 종이의 마찰음.

화면 밝아지면, 프레임 가득 연필을 잡은 손.

군은살이 잡힌 손마디, 때에 찌든 손톱.

막노동꾼의 손끝에서 거침없이 쓰이는 수식들.

문득 멈추는 손… 이윽고 다시 쓴다.

"Thus zeta function has its non-trivial zeros only at the complex numbers with real part $\frac{1}{2}$"[1]

                 각본

다시 멈춘 연필, 가늘게 떨린다.
흥분한 듯 거칠어지는 숨소리.
마침내 천천히 한 자 한 자 써간다.

"Q. E. D"
자막 '증명 완료.'

화면 어두워지며 타이틀.

이상한 나라의
수학자

2.   몽타주: 소년의 하루

학교 정문

잿빛 새벽. 조명을 받은 현판이 도드라진다.
방패와 월계관으로 아이비리그 대학을 흉내 낸 교표 아래.

동훈고등학교
Donghun Academy

교정

텅 빈 운동장, 불이 꺼진 건물들. 본관 외벽 시계가 6시를

---

1 "따라서 제타 함수의 자명하지 않은 모든 근의 실수 부분은 1/2이다." 리만 가설의 결론이다.

이상한 나라의 수학자

가리키는 순간, "매일 울리는 벨벨벨~" 기상송, 트와이스
의 〈치어 업 Cheer up〉이 교정에 울려 퍼진다.
창문에 하나둘 불이 켜지며 깨어나는 기숙사.

기숙사 복도

좀비처럼 방을 빠져나오는 소년 소녀들. 부스스한 모습으
로 총명탕 따위의 한약 봉지를 입에 물고 있다.

운동장

트레이닝복을 대충 꿰입은 학생들이 운동장 주변 트랙을
뛴다. 친구와 장난을 치는 녀석, 잠이 덜 깨 걷다시피 하는
녀석… 그 틈바구니에 섞여 달리는 훤칠한 소년, 한지우.

지우(N)　　이곳은 여전히, 아니 더, 낯설다.

본관 로비

벽면에는 국제 수학 올림피아드 등 각종 대회의 상패와
'동훈고 5년 연속 의대 진학 1위' 등의 기사 스크랩들.
교복으로 갈아입은 학생들이 서둘러 계단을 오른다.
지우, 함께 이동하는데 '한지우' 명찰이 툭 떨어진다.
명찰을 줍는 사이 앞지르는 학생들.

지우(N)　　대한민국 1%가 모인다는 이 학교에서 난 밑바닥.
　　　　　　친구들아! 나를 딛고 오르거라.

　　　　　　　　　　　　　　　　　　　　　　　　각본

1학년 2반 교실, 아침

깐깐한 인상의 담임, 수학 문제 하나를 칠판 가득 풀고 돌아서며

담임   자… 알겠습니까? 질문?

불안한 눈빛으로 급우들을 둘러보는 지우. 그러나 아이들은 느긋한 표정. 아무도 질문하지 않는다.

담임   천하의 영재들을 모아놓고 가르치자니, 편하긴 한데 말이야. 내가 이러려고 선생이 됐나, 자괴감이 든다. 응?

아이들   ?

담임   아무리 학원에서 다 배웠대도 그렇지. 가끔은 질문도 좀 하고 그래야 할 것 아냐, 이놈들아!

아이들, 웃는다.

담임   자… 이걸로 고등학교 3년 진도는 얼추 나간 셈이야. 1학년 주제에 말이야. 너무 날로 먹었나?

아이들   아뇨!

담임   그래, 우린 머글이 아니니까.

아이들, 다시 웃는데

지우(N)   머글 주제에 난 어쩌자고 호그와트에 와 있는 거냐.

3.　　　기숙사 방, 밤

책상 앞의 지우. 스탠드 불빛 아래 성적표를 보면서 차륵
차륵… 손목의 묵주를 끝없이 늘였다 놓는다.

(담임)　　이거 봐. 특히 수학… 응?

4.　　　회상: 교무실, 낮

담임, 지우와 함께 앉아 '수학 194/200, 등급 9'가 기재된
성적표를 놓고서

담임　　너두 중학교 땐 나름 한칼 했던 놈인데. 이거, 이거… 수학
　　　이 이래서야 희망이 없단 말이지.
지우　　죄송해요.
담임　　니가 왜 죄송해? 선행으로 진도 다 떼고 오는 놈들이 반칙
　　　인 거지. 쌤이 까놓고 얘기할게. 우리 학교처럼 내신 빡센
　　　데는 평균 4쩜 5등급만 나와도 스카이 수시에 넣어볼 수
　　　있어요. 근데…

성적표의 수학 '등급 9'를 볼펜으로 톡톡 치며

담임　　국영수에 이런 고춧가루가 끼면 바로 아웃이거든.
지우　　…

담임	다른 애들 주말이면 대치동에서 1박 2일 스파르타로 달리는 거 알지?
지우	(끄덕)
담임	너 정도면 일반고에선 1등급도 가능할 텐데… 잘하면 학교장 추천으로 서울대도 노려볼 수 있고 말이야…

담임, 지우의 표정을 살피며

담임	쌤이 돼서 진짜 이런 말… 참 싫은데… 함 생각해볼래? 전학?
지우	!
담임	아니, 꼭 가라는 건 아니야. 그런데… 쌤이 보기엔 지금이 골든 타임이야. 2학년 올라가면 늦는다. 어머니하고 상의해봐, 응? 진지하게.

5. 기숙사 방, 밤 °

지우, 묵주를 한껏 늘였다 차륵! 놓으며 한숨을 쉬는데, "탁, 타다닥" 암호 같은 노크 소리. 침대에서 이불 뭉치가 스르르 일어난다. 룸메이트 의준이다.

CUT TO

의준과 안경잡이, 뚱보 등 세 소년이 침대에 조르르 앉아 쑥덕공론하더니

의준	(지우에게) 컴온!

지우, 돌아보면 각자 만 원짜리 지폐를 꺼내 들고 지우를 바라보는 세 소년.

지우	난 아웃.
의준	왜애?
지우	좀 피곤해서.
뚱보	야, 야. 책상에 붙어 있다고 성적이 오르냐? (안경 가리키며) 여기 꼴수를 보라!
의준	그렇지! 공부할 땐 놀고, 놀 땐 놀고! (안경 흔들며) 으… 징그러운 새끼.

하더니 지갑에서 만 원짜리 한 장을 더 꺼내 흔들며

의준	내가 n분의 2 쾌척한다.
뚱보	n분의 3은 안 되겠습니까? 의준 사마?
의준	셧업! (지우에게) 컴 온! 브로.
지우	봐줘.
의준	매번 너무한 거 아니냐? 무안하게? (정색하며) 자가 소외 중독! 그거 병이다.
뚱보	자가… 뭐?
안경	자가 소외 중독. 전문용어로 '스따'라고 하지.
뚱보	아! 스스로 '따'?

건성으로 책장을 넘기던 지우, "따"란 말에 멈칫한다.

뚱보   뭐야~ 벌점을 무릅쓰고 타방 이동했더니!
안경   (일어서며) 에헤! 본좌는 롤²이나 때려야겠습니다.
뚱보   (원망 섞인) 한지우!

의준, 침대에 벌렁 누우며

의준   관두자! 힘찬 구호와 함께 해산!
지우   (결국 손드는) 알았어.
의준   올 라잇! 그래야 내 룸메지. 자~ 그럼 가위바위보로…

하는데 바닥에 놓인 지폐를 집어 드는 지우.

아이들   오~! 터프가이!

6.   학교 담장, 밤 ●

오토바이에서 내린 아줌마, 검은 비닐봉지를 들고 초조하게
서성이는데, 철망이 찢긴 개구멍에서 불쑥 나타나는 지우.

아줌마   어머! 씨발, 깜짝이야.

---

2 온라인 게임 〈리그 오브 레전드League Of Legend〉.

7.   기숙사, 밤

복도 끝 창문이 열리더니 "툭" 검은 봉지가 놓인다. 이어서
"끄응", 힘겹게 올라오는 지우. "으응?" 봉지가 안 보인다!
그때 불쑥 나타나는 시커먼 그림자! 남루한 경비복 차림의
학성이다. 가슴팍에 '최명식'이란 명찰. 초췌한 얼굴, 그러
나 광기마저 느껴지는 압도적인 눈빛.

지우   하, 한 번만 봐주세요.

봉지 안을 들여다본 학성, 저주하듯 뇌까린다.

학성   썩어빠진… 종간나 새끼!

8.   교실, 낮

칠판 앞에 선 지우.
소주 네 병과 제육볶음이 놓인 교탁을 서성이는 담임.

담임   제육에 이슬이라… 아주 내공이 엿보이는 마리아주야.
        응?
아이들   (웃음)
담임   누구야?
지우   네?

소주병 네 개를 실로폰처럼 통통 치며

담임   나머지 세 놈!
지우   … 없는데요…

지우의 짝, 보람이 연필로 머리를 쪽 찌며 재밌다는 얼굴
을 한다.

담임   제육볶음 4인분에 소주 네 병을 혼자 드시려고 했다?
지우   …네.
담임   한지우, 지금 반항하는 거냐?
지우   아니에요.

담임, 한숨을 쉬고

담임   그래. 니들 때는 의리가 우선이지. 쌤도 그 시절 지나왔으
        니까, 알아. 아는데, 좀 봐라. 너랑 작당한 놈들, 지들만 살
        겠다고 지금 납작 엎드려 있잖아.

의준, 안경, 뚱보 등 삼총사 고개를 숙이거나 딴전을 피운다.

담임   그런 놈들 위해서 혼자 피를 보시겠다? 한지우, 바보야?
지우   …
담임   누구야? 얼른 대! 안 그럼 한 달간 기숙사 퇴사, 독박 쓰는
        거야.

아이들, "오~ 세다!", "나도 쫓겨나고 싶다" 웅성대는데

담임　　얼른!
지우　　저…
담임　　그래!

의준 삼총사, '망했다!' 낭패하는데

지우　　혼자 먹을 거였어요.
삼총사　!!!

보람의 쪽 찐 머리가 툭 풀린다.
어이없다는 듯 지우를 바라보는 보람.

9.　　복도, 낮

지우, 살짝 앞서가고 의준, 뚱보, 안경이 어울려 걸으며 수
군댄다.

뚱보　　술만 안 시켰어도…
안경　　그니까 치킨이나 시켜 먹자니까.
의준　　미국 보딩 스쿨에선 중삐리들도 술 다 하거든! (지우에게
　　　　어깨동무하며) 룸메! 니가 진짜 친구다! 이 원수를 어떻게
　　　　갚냐?

지우, 애써 미소를 짓는데 의준, 뭔가 생각난 듯 주머니를
뒤적여 지우의 손에 쥐여준다.

의준   이거라도.

5만 원짜리 지폐다.

지우   뭐야?
의준   넣어둬! 고마워서 그래.
지우   무슨 돈을 받아, 친구 사이에.
의준   친구? (사이) 그렇지. 친구 사이에…

의준, 머쓱하게 돈을 도로 넣는다.

뚱보   (지우에게) 엄마한테 박살 나겠다.
안경   과학관 B103!
일동   ?

INSERT
안경의 설명에 맞춰 드러나는 과학관 외경과 스산한 B103
내부.

안경   기숙사에서 쫓겨난 학생들이 와신상담, 숙식을 함께하며
       재입사의 그날을 기다렸다는 도시 전설!
의준   오!

뚱보   언제 때 얘기야. 거기 이제 창고야. 썩은 책걸상만 잔뜩이
       거든.
안경   두 시 방향! 인민군 출현!

       창문에 매달린 소년들. 빨간 책자에 코를 박고 운동장을
       가로지르는 학성이 보인다.

의준   인민군 땜에 개구멍 네 개가 다 막혔어.
뚱보   우리가 야식 안 먹으면 지역 경제는 누가 살리냐고.

       아이들의 설레발을 뒤로하고 학성을 노려보는 지우.

10.   병원, 낮

       심드렁하게 모니터의 차트를 스크롤하는 의사. 그 앞에 고
       개를 푹 숙인 학성, 무릎 위에 펼쳐놓은 빨간 책에 연필로
       뭔가 끄적인다.

의사   4년 되셨네. 탈북하신 지… 우선 야간 경비, 그거부터 그
       만둡시다.
학성   약이나 주시오.
의사   밤일 땜에 수면 리듬이 깨지니까 자꾸 수면제에만 의존하
       게 되구…

학성, 무표정하게 책을 덮더니 고개를 들며

학성	선생이 좋은 자리 좀 구해주갓소?
의사	아니, 그건 이제… 구청이나 그런 데 가셔서…
학성	한 20일 치 주시라요. 병원 오는 시간 빼기도 쉽지 않소.

11. 차이나타운, 낮 •

중국어 간판이 가득한 차이나타운.
거리를 걷던 학성을 중년 여성이 막아서며

| 중년 | 예수 믿고 천당 가세요. |

교회 전단을 내미는 중년.

| 학성 | 일없소. |
| 중년 | 어머! 잠깐만요. 맞죠? 탈북…? |

학성, 외면하며 대답하지 않는다.

| 중년 | 얼마나 고생하셨을까. 요번 주일에 우리 교회 오셔서 간증하세요. 간증. 위에서 힘들었던 얘기, 넘어올 때 욕본 얘기… 그런 거 그냥 부담 없이 해주시면 돼. (속삭이며) 20만 원, 20만 원. 길 건너 새사랑교회는 십인데… 우린 이 |

십. 저~기, 고개 위에 십자가 보이죠? 산돌교회라고…

학성 아주마이…

중년 그래, 꼭 오셔서 은혜 받으셔.

학성 인상이 참 좋습네다.

중년 네?

학성 혹시… 도를 아십네까?

도망치듯 사라지는 중년.
주변 사람들도 학성으로부터 슬그머니 물러선다.

12.   임대아파트 단지, 낮 ●

허름한 아파트 단지에 들어서는 학성. 입구에 붙은 현수막,
줄이 풀려 한 귀퉁이가 펄럭거린다.
'주민 배제 밀실 행정, 탈북자 입주 웬 말이냐!'

13.   학성의 집, 낮

컴컴한 주방. 싱크대 서랍을 열어 큼직한 유리병을 꺼내는
학성. 이미 절반 정도 알약이 차 있는 병에 새로 타 온 수면
제를 뜯어 넣는다. 냉장고를 열면 맨 위 칸에 오와 열을 맞
춘 딸기우유 10여 개. 나머지 칸은 비었다. 우유 하나를 꺼
내고 틀어진 열을 맞추는 학성. 원샷. 가벼운 트림…

각본

구석에 있는 유리 수조에 다가간다. 램프를 켜면 담뱃갑만 한 청거북 한 마리, 느릿느릿 움직이고. 주둥이에 마른 멸치를 대주는 학성. 오물오물 받아먹는 청거북을 보며 희미하게 중얼거린다.

학성   간나 새끼…

미닫이문을 열면 방이 드러난다. 이사를 나간 듯 휑한 방 한복판에 덩그러니 교자상뿐이다. 상 앞에 앉은 학성, 낡은 카세트 플레이어의 플레이 버튼을 누르면 쉭쉭 테이프 돌아가는 소리와 함께 바흐의 무반주 첼로 곡이 흐른다. 좌르륵. 뭉툭한 연필 대여섯 자루를 쏟더니 연필을 깎는 학성. 이윽고, 예의 빨간 책을 펼친다. 스도쿠[3]다. 빈칸이 대부분인 고난도 문제를 엄청난 속도로 채워 나간다.

14.   기숙사, 낮

짐을 싸는 지우. 수학 문제가 인쇄된 프린트를 들여다본다.

(담임)   쌤이 직접 만든 문제들이야. 미리 말해두는데 문제집, 인

---

3 러시아 수학자 그리고리 페렐만(1966~)의 취미. 100년이 지나도록 풀리지 않던 난제 '푸앵카레의 추측'을 2002년 증명했다. 그 공로로 수학의 노벨상으로 불리는 필즈상 수상자로 지명됐으나, 수상을 거부하고 클레이재단이 건 상금 100만 달러도 거절한 채 노모와 함께 초야에 묻혀 사는 은둔의 수학자.

터넷 백날 뒤져도 소용없어. 고생들 좀 해야 할 거야.

프린트를 접어 백팩에 챙겨 넣는 지우.

15.   교문, 낮

큼직한 캐리어를 끌고 나오는 지우.

(보람)   담배 좀 노나 먹읍시다!

못 들은 척 걷는 지우. 그러나 보람, 계속 따라오며

보람   뭐냐? 술은 되고 담배는 안 되나 보네?
지우   나, 술 안 먹거든.
보람   어허~ 소주 네 병을 혼자서 까는 양반이…

지우, 보람을 쏘아보더니 싸늘하게

지우   꺼져라?
보람   오~ 쩔어. 쫌 무서울 뻔했어. 찌질한 왕따 줄 알았더니?
지우   뭐?
보람   의준이랑 애들 붙었으면, 일주일씩 엔n빵하고 끝날 일이
        었잖아. 근데 뭐냐?

지우, 무시하고 앞질러 가는데

보람 총각! 영화 너무 많이 본 거 아냐? 그런 게 불알 달린 놈들
우정인 줄 아나 본데. 아니거든!

16. 지우의 집, 저녁

현관에 들어서는 지우. 벽을 더듬어 등을 켜면 허름한 반
지하 셋집이 드러난다. 그릇이 수북이 쌓인 싱크대. 팔
을 걷어붙이고 설거지하는 지우. 음식 쓰레기를 갈무리하
고… 집 안 구석구석에 쩡박힌 빈 소주병을 치우고… 좁
은 화장실에서 변기를 닦고…

이제 바닥에 동그마니 앉은 지우. 바닥에 쥐며느리 한 마
리가 기어간다. 톡 치면, 동그랗게 몸을 마는 쥐며느리. 창
을 열고 눈높이의 지면에 쥐며느리를 놓아주는 지우.

그때 엄마가 문을 열고 들어선다. 파마가 풀려 푸석한 머
리. 살짝 술기운이 있다.

엄마 (반색하며) 어? 아들!

엄마의 과장된 포옹. 마지못해 응하는 지우. 우편물을 던
져놓고 방으로 향하는 엄마. '독촉분', '연체정보 등록 예

정서' 따위다.

(엄마)   밥은?
지우   대충.
(엄마)   안 먹었어?
지우   먹었어. 엄만?
(엄마)   치맥. 회사 사람들이랑.

이제 식탁에 마주 앉은 모자.

지우   옮긴 덴 괜찮아?
엄마   뭐… 응. 홈쇼핑보단 낫지. 은행 콜센터니까.
지우   욕하고 그런 진상들은 없어?

대답 대신 쓸쓸한 미소를 짓는 엄마.
지우가 손으로 구석을 가리킨다. 빈 소주병들.

지우   저게 다 뭐야.
엄마   좀 봐줘. 저거라도 없으면 못 산다.
지우   좀 줄이든가.
엄마   미안해. 엄마가 이거밖에 안 돼서.

지우의 손을 잡는 엄마.

엄마   아들은 과외 한 번 안 받고 그 어렵다는 학교에 갔는데…

늬 아빠만 살아 있어도…

'또 시작이다' 하는 표정으로 가늘게 한숨을 내뱉는 지우.

지우   그 소리 그만할 때도 되지 않았어? 10년도 넘었어.
엄마   넌 나처럼 살지 말고 보란 듯이 살아. 얼마나 좋은 세상이
니? 좋은 대학 나와서 박사님, 사장님 소리 들으면서… 보
란 듯이 살아. 보란 듯이…

벌떡 일어나 넋두리를 끊는 지우, 애써 웃으며

지우   갈게. 일찍 자.

엄마, 문간에 놓인 지우의 캐리어를 바라보며

엄마   자러 온 거 아냐?
지우   책… 가지러 왔어.
엄마   (집 안 둘러보며) 그래… 기숙사가 편하겠다.

지우, 나서는데

엄마   지우야.
지우   ?
엄마   별일없지?
지우   (끄덕)

17.　체육공원, 밤 •

농구대 앞에서 번갈아 자유투를 던지는 두 소년. 지우와
딸봉이다. 지우와 다른 교복을 날티 나게 줄여 입은 딸봉.
한쪽 눈두덩이 시퍼렇다.

지우　또 싸웠냐?

딸봉　(어이없다는 듯) 나 딸봉이야. 가리봉 정딸봉! 내가 맞고 다
　　　닐 놈이냐? 울 엄마 남편이 몇 달 만에 기어들어 왔다. 한
　　　따까리 했지.

지우　남들이 들으면 새아빠 줄 알겠다.

딸봉　근데… 술이라곤 입에도 안 대는 새끼가 웬 소주 셔틀?

지우　애들이 돈 냈는데, 몸빵이라도 해야지.

딸봉　특목고 범생이들이 술도 마실 줄 아나 봐?

지우　자사고라니까.

딸봉　맞다. 전국구 자사고!

지우　조폭이냐? 전국구게? 전국 단위! 자사고!

딸봉　그거나 그거나… 좌우간 제법이다? 골이 따분한 새끼들
　　　만 다니는 줄 알았더니?

지우　고리타분이겠지.

딸봉　따지기는… 그냥 엄마한테 털어놓고 집에 가.

지우　됐어.

딸봉　중2병 도졌냐? 막 시크하고 싶어? 막 사랑이 하고 싶진 않
　　　냐?

지우　븅~신.

바닥에 앉은 두 소년. 딸봉이 익숙하게 담배를 꺼내 물며 짐짓 지우에게 권하지만 거절당한다.

딸봉 (짓궂은 미소) 골이 따분한 새끼…
지우 가자!

18. 찜질방, 밤●

TV 앞에 앉은 사람들 틈에서 예능 프로를 보며 키득대는 딸봉. 지우는 한쪽 구석에 엎드려 수학 프린트를 들여다보고 있다. 미간을 찌푸리며 식을 두어 줄 끄적이더니 이내 머리를 움켜쥐는데, 안내 방송이 나온다.

(안내) 에, 잠시 안내 말씀드립니다. 보건복지부 공중위생법 시행 규칙 별표 4항에 따라서… 뭐냐… 십구 세 미만의 청소년은 금일 이십이 시부터 익일 공오 시까지 찜질방 이용이 제한되오니 양지해주시고… 어이 거기, 고삐리! 못 들은 척할래?

지우와 딸봉, 카운터를 향해 손사래를 치는데

(안내) 언능 집에 가라. 난중에 와. 오늘은 짤 없다. 구청 단속 뜨는 날이여.

19.   지우의 동네, 밤 ●

어슬렁거리는 지우와 딸봉.

딸봉   그 인간만 없음 우리 집에서 자면 되는데. 피시방 갈래?
지우   단속 뜨면 거기두 똑같지.
딸봉   그럼 어쩔라고?
지우   걱정 마. 있어.

CUT TO
홀로 캐리어를 끌며 느릿느릿 걷는 지우. 빗방울이 떨어지
기 시작하고. 가게 주인들이 튀어나와 물건을 들여놓고 차
양을 치고… 법석이다. 지우, 달린다.

20.   강변, 밤 ●

비 내리는 강변을 달리는 사내의 실루엣.
주변을 살피다 강으로 뛰어든다.
허리까지 차오른 강물을 허위허위 헤치는 사내. 불현듯 사
이렌이 울리더니 펑, 펑 탐조등이 켜진다. 수면을 어지럽
게 비추는 불빛. 사내는 서두르지만 어느새 가슴까지 차오
른 강물 때문에 속도가 나지 않는다.
그때 "타타탕!" 총성.

21.   경비실, 밤●

"흐어억!" 깨어나는 학성. 꿈이다. 선잠을 잔 듯 의자에 앉은 채다. 식은땀을 닦으며 숨을 고른다. 경비실 창을 때리는 굵은 빗줄기.

22.   과학관 앞, 밤

우산을 쓴 채 손전등을 들고 포치로 들어서는 학성. 절그럭, 잠긴 문을 확인하고 돌아서는데 바닥에 물 발자국이 보인다.

학성   나오라우.

기둥 뒤에서 쭈뼛 나서는 소년, 지우다.
흠뻑 젖은 채 모로 서서 학성의 시선을 외면한다.

지우   (입이 얼어 간신히) 저… 비 그칠 때까지만 있을게요.
학성   기숙사로 돌아가라우.
지우   못 가요.
학성   뭐라?
지우   못 간다구요! 아저씨 때문에!

손전등을 비춰 얼굴을 살피는 학성. 파랗게 질린 입술을 바들바들 떨고 있는 지우를 그제야 알아본다.

23.   경비실 안팎, 밤/새벽

젖은 옷을 벗는 지우의 등에서 김이 오른다.

지우   (애써 활달하게) 부모님이 여행 가셨는데. 열쇠를 안 두고
       가셔서…

       책장을 넘기던 학성, 힐끗 보면 지우의 남루한 옷차림이
       눈에 들어온다. 목이 늘어진 러닝셔츠, 낡은 운동화…

지우   솔직히… 아저씨가 그때 봐줬으면…

       해맑게 웃다가 학성의 따가운 시선에 말끝을 흐리는 지우.

학성   계속 떠들 거면 가라우.

       지우, 입에 지퍼 채우는 시늉을 하며 소파에 누워 담요를
       덮는다.

       CUT TO
       책상에 앉아 스도쿠를 푸는 학성. 쿵, 소리에 돌아보면 지
       우의 백팩이 떨어져 있다.

백팩을 들면 열린 틈으로 후드득 떨어지는 유인물 몇 장.

CUT TO

경비실 밖. 부옇게 새벽이 밝아오고

(학성)   당장 못 나가간?

(지우)   아~ 5시잖아요. 쫌만 더… 아, 알았어요. 알았어.

퉁퉁 부은 눈, 엉망으로 헝클어진 머리를 한 지우가
가방을 껴안고 떠밀리다시피 경비실을 나온다.

지우   기왕 재워준 거 이렇게 야박하게…

하는데 지우의 얼굴에 척, 양말이 날아와 붙는다.

지우   아~ 진짜! 인민군…

CUT TO

경비실 안. 지우가 누웠던 자리에 명찰이 떨어져 있다.
학성, 창밖을 보면 벌써 저만치 멀어진 지우의 뒷모습.

24.   교실, 낮

수학 시간. 담임, 프린트를 들고

이상한 나라의 수학자

담임	답 좀 맞춰볼까? 자… 여기 앞줄부터 불러.

학생들이 한 명씩 답을 부르면 담임이 정답을 확인한다. "1번에 루트 2요." "오케이!" "2번에 3분의 1 마이너스 e요." "노! 노! 3분의 1 플러스 e지." … 지우의 눈이 점차 휘둥그레진다. 깨끗해야 할 프린트에 정답이 쓰여 있다.

담임	다음… 누구야? 한지우!

지우의 눈에 '216'이라 쓰인 숫자가 보인다.

지우	저… (던져보는) 이백십육?
담임	뭐?
지우	(기어들어 가는) 이백십육요…

담임, 의외라는 듯

담임	애썼네, 한지우. 오케이. 다음!

CUT TO

보람이 지우의 프린트를 들여다보고 놀란다.

담임	다 맞은 사람?
보람	얘요…

당황하며 보람의 입을 틀어막는 지우.

25.   경비실, 저녁

        노크와 동시에 들어서는 지우. 대뜸 프린트를 펼쳐 보이며

지우   이거… 아저씨죠?

        학성, 대답 대신 명찰을 휙 던진다.

지우   어? 이거… 고맙습니다. 근데… 이거 어떻게 한 거예요?

        대답 없이 스도쿠만 푸는 학성.

지우   혹시 수학 선생님—,

        학성, 휴지통에서 구겨진 종이를 몇 장 꺼내 던지듯 내민다.

학성   나가라우.

26.   자습실, 밤•

        지우, 구겨진 종이를 펼친다. 야식 배달 업소의 광고 전단이

다. 뒤집으면 이면에 정갈한 필치로 빼곡히 적힌 수식들. 연습장에 풀이 과정을 복기하는 지우, 입이 떡 벌어진다.

27.   몽타주: 숨바꼭질

후문 앞, 낮
서성이던 지우가 출근하는 학성을 발견하고 꾸벅 인사한다. 문제지를 들고 뭔가 물으려는 듯 다가가는데 못 본 척 지나는 학성.

경비실 앞, 밤
지우가 열심히 비질하고 있다. 경비실을 나온 학성, 빗자루를 빼앗는다.

경비실, 아침
예의 엄청난 속도로 스도쿠의 빈칸을 메꾸는 학성. 그때 "톡톡" 유리창 두드리는 소리. 지우다. 프린트를 창에 대고 뭔가 묻는 듯. 벌떡 일어나 블라인드를 내리는 학성. 다시 스도쿠 책을 펼치지만, 연필을 쥔 손은 멈춰 있다. 이내 책을 덮는 학성, 의자에 몸을 기대며 눈을 감는다.

각본

28.   교무실, 아침 °

학성, 수레를 끌고 다니며 재활용 종이 뭉치를 수거하는
가운데 선생 두엇과 수다를 떠는 담임. 맞은편에선 개량
한복을 입은 선생이 여드름투성이 남학생과 상담 중이다.

여교사   강남 입성 축하해요, 쌤!

남교사   함 쏘셔야지!

담임   입성은 무슨… 아직 2년이나 남았는데.

여교사   로또 청약 붙어놓고, 떨어진 사람 앞에서 아쉬운 소리 하
        시기예요?

담임   걱정이 태산입니다. 중도금에 잔금에…

남교사   하긴 강남 쪽은 DTI, LTV 엄청 빡세죠? 집값 절반은 나
        와요, 대출? 어? 아니구나! 분양가 20억이면 중도금 대출
        '빵'인데?

담임   (한숨) 그렇다니까!

여교사   사채라도 땡겨야죠. 바로 넘겨도 앉은 자리에서 10억이 떨
        어지는데.

담임   사채는 뭐 아무나 땡기나?

그때 여드름을 보내는 개량 한복.
담임이 슬그머니 건너가 앉으며

담임   뭐래요?

한복   (멋쩍게) 생각해보겠대요. 쌤 반에도 하나 있지?

담임	한지우라고…

'한지우'라는 말에 멈칫하는 학성.

담임	심란하죠. 홀어머니에, 차상위에… 학교 옮기는 게 애 혼자 결정할 문젠 아닌데.
한복	어쩌겠어? 보호자가 나 몰라라 하는데?
담임	너무 잔인하다고. 이 사배자 제도.
한복	잔인하기만? 이 학교 학부모들, 사배자 애들이 9등급 깔아준다고 은근 반기잖아.
담임	그러게요.
한복	번거로운 건 또 어쩌고? 때 되면 장학금 신청해줘야지, 교육청에 지원 서류 넣어줘야지… 농담도 맘 편히 못 해요. 괜히 상처 받을까 봐.
담임	맞아요. 전학 얘길 꺼내도 시무룩하니, 무슨 반응이 있어야지. 화난 건가 싶어서 내가 더 불안하다니까요.
한복	자격지심이지 뭐. 그런 집 애들, 맺힌 게 많아서들 그래. 있는 집 애들 봐. 둥글둥글하니 성격도 원만하고…
학성	구루마! 구루마!

학성, 불퉁하게 둘을 밀치며 수레를 끌고 간다.
담임, 바지에 묻은 얼룩을 털며 학성에게

담임	저기요! 최 선생님!

그러거나 말거나 쾅, 거칠게 지나치는 학성.

(담임) 도대체 교육청은 왜 파견 경비한테까지 '선생님' 소릴 하
란 거야? 아주 이놈의 나라는 개나 소나 선생이지.

29. 수영장, 밤 ●

삐익, 호각 소리에 맞춰 풍덩 물에 뛰어드는 아이들. 날렵
하게 물살을 가르는 지우, 제일 먼저 골인하면 간발의 차
이로 의준, 뚱보 들어오고 뒤늦게 안경이 도착해 숨을 헐
떡인다.

CUT TO

샤워실. 지우, 샴푸 거품을 내고 있는데

의준 울 담임 뭔 콤플렉스 있는 거 아니냐?
초고난도 문제만 뽑아 놓으면 자존심이 좀 사냐고. 여기가
과학고야?
뚱보 (안경에게 어깨동무하며) 꼿수도 여섯 개나 틀렸어.
안경 에혀~
의준 힘내, 브로. 우리 학원 일타 강사는 일곱 개 틀렸다. 설 공대
석사 출신인데.

샤워기를 잠그는 지우.

이상한 나라의 수학자

얼굴을 훔치며 뭔가 결심한 듯 입술을 깨문다.

30.   경비실 안팎, 밤

경비실 앞. 박카스 상자를 안고 중얼거리는 지우.

지우   저 기억나시죠? … 아~ 이상해, 이상해. 저예요. 이거 피
            로 회복… 하~ 약 파냐? 안녕하세요. 이거—,
(학성)   왜 자꾸 얼쩡대네?

CUT TO
의자에 앉은 학성, 말없이 연필을 깎는다.
지우, 선 채로 어색한 침묵을 버티는데…

학성   수학을 배워달라? 배워서 뭐할 거니?
지우   그거야…
학성   점수 좀 올리고 싶다?
지우   솔직히… 그렇죠.
학성   그래서 좋은 대학 가고 좋은 데 취직하겠다?
지우   그, 그런 셈이죠, 길게 보면.
학성   전학 가라우.
지우   !!
학성   전학 가서리 내신이란 거… 챙겨야 안 되겠니? 여게서 용
            꼬리 하느니 일반고 가서 닭 대가리 되는 게 이득 아니니?

지우	그런 걸 어떻게…
학성	전 인민이 입시 전문가 되는 거, 이 나라에선 당연한 거 아니네? 가라우! 전학.
지우	안 돼요!
학성	?
지우	… 엄마가 실망하실 거예요. 여기 합격했다고 좋아하셨는데…
학성	아버지는? 아버지는 실망 안 하시고?
지우	돌아가셨어요.
학성	여행 갔다 안 했니?
지우	그, 그건… 죄송해요. 그냥 둘러댄 거였어요.
학성	왜 죽었네? 니 아바지.
지우	… 꼭 대답해야 돼요?
학성	일없다. 자유 국가 아니니?

학성, 나가라는 듯 문을 가리킨다.

지우	(울컥) 음주 운전 차에 치였어요. 파란불에 건넜는데… 그 자리에서 죽었어요. 나 여섯 살 때. 잘 기억도 안 나요. 됐어요?
학성	아버지 죽은 게 무슨 벼슬 같구나.
지우	뭐라고요?
학성	네가 세상에서 제일 불쌍한 거 같지? 자기 연민… 몹쓸 병이다. 행복이 다가와도 불행만 파고들지. 그게 편하니까.

이상한 나라의 수학자

지우, 파르르 떨며 학성을 노려보다가

지우 화가 나서 그래요. 화가! 학원 안 다녀도 할 수 있을 줄 알
    았는데, 결국 안 되니까! 노력 따위 해봐야 아무 소용없으
    니까! 어떻게든 버텨보려구… 됐어요!

지우, 홱 돌아서는데

학성 그거 개지고 가라.

학성이 박카스 상자를 가리킨다.
지우, 거칠게 상자를 챙겨 들고 경비실을 나서는데

(학성) 보라우!

지우, 돌아서면 학성 결심한 듯 입을 연다.

학성 딸기우유로 바꿔오라. 내일…

학성이 메모지에 뭔가 휘갈겨 지우에게 건넨다.
'과학관 B103'.

31.   고물상 안팎, 낮

입구에 간판 '대성자원'. 야적장 구석에 컨테이너 사무실이
보인다. 낡은 집기와 재활용 잡동사니로 가득한 사무실 안.
책장에는 시시껄렁한 감사패, 위촉장 따위가 즐비하고, TV
에선 종편 대담 프로가 나온다. 안기철, 커피를 학성에 건
네며

안기철   에지간하면 우리 회사로 오슈. 맨날 밤이슬 맞지 말고.

학성   회사는 무슨… 언제 망할지 모르는 고물상이…

안기철   어허, 무슨 섭섭한 말씀을. 우리 직원들 다 정규직인 거 몰
라요?

학성   나 줄 돈 있으면 일꾼들 월급이나 올려주든지.

안기철   이래 봬도 새터민 지원본부 서울 서남부 지부장이유. 형님
한 분 건사 못 할까?

학성   일없소.

안기철   (구석으로 가며) 하여간 고집은…

무심히 TV를 보는 학성. 남북 정상이 포옹하는 사진을 배
경으로 개기름이 빤지르하게 흐르는 사내가 떠드는 중이
다. 사내의 가슴팍에 커다란 명찰, '김일성대학 출신 박필
주'라 쓰여 있다.

박필주   우리 탈북 동포들이 통일의 마중물, 미리 온 통일이다, 이
겁니다.

안기철, 구석에서 스탠드 등기구 댓 개를 가져온다.

안기철   새 걸루 사드린다니까…
학성   멀쩡하구만 기래.

학성, 지갑에서 돈을 꺼내는데

안기철   왜 이러셔, 형님이랑 나 사이에.
학성   이 나라 건설에 벽돌 한 장 없은 적 없는 내가 일없이 날로
         먹어서야 쓰갓소?

기어코 돈을 꺼내 안기철 손에 쥐여주는 학성.
안기철, 마지못해 받는데

학성   (손을 내밀며) 잔돈. 오백 원.

등기구를 들고 고물상을 나서는 학성의 뒷모습에 대고

안기철   그 냥반 참…

32.   과학관 복도, 밤

불 꺼진 복도를 휴대전화 플래시에 의지해 걷는 지우.
손에는 검은 비닐봉지가 들려 있다.

33.　아지트, 밤

고개 들어 강의실 호수를 확인하는 지우. 'B103' 문을 열면, 뒤편에 부서진 책걸상 따위가 쌓여 있고, 앞쪽엔 커다란 미닫이 칠판. 으스스한 분위기 속, 스도쿠를 푸는 학성. "저…" 하는 지우를 "쉿!" 제지한다. 잠시 후, 책을 덮은 학성이 곳곳의 스탠드를 켠다. 여전히 누추하지만 묘하게 따뜻하고 아늑한 기운이 감돈다.

학성　　가져왔네?

검은 봉지에서 딸기우유 몇 팩을 꺼내는 지우.

학성　　약속하라우.
지우　　?
학성　　규칙 1, 여기서 무엇을 하는지 아무에게도 말하지 않는다.
　　　　알갓니?
지우　　당연하죠!
학성　　규칙 2, 수학 이외의 질문은 하지 않는다.
지우　　(끄덕)
학성　　그리고 규칙 3, 난 수학은 배워주겠지만, 시험이나 성적에
　　　　는 관심 없다.

잠시 망설이다 끄덕이는 지우.
대뜸 칠판에 그림을 그리는 학성.

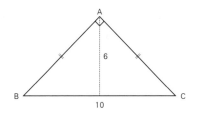

학성   자… (A 가리키며) 직각이고… (양 빗변에 등호 표시하며) 이
　　　　등변이지. 이 삼각형의 넓이를 구해보라.

지우   저기요… 저 중학교 때까진 나름 했어요. 수학.

학성   모르네?

지우   초등학생 문제잖아요.

학성   모르는구만 기래.

지우   30요.

학성   땡! 심각하구나. 니 어느 중학교 나왔니?

지우   뭐예요? 맞잖아요, 30!

학성   (도리도리)

지우   높이 6, 곱하기 밑변 10, 곱하기 2분의 1 하면, 60 나누기 2
　　　　니까 30. 맞는데?

　　　　학성, 한 획에 삼각형 외접원을 정확하게 그린다.
　　　　많이 해본 솜씨다.

　　　　　　　　　　　　　　　　　　　　　　　　　　각본

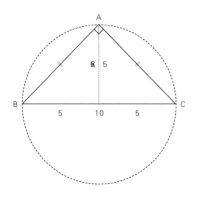

지우   오~!

학성   덤비지 말고 잘 들여다보라.

지우   직각삼각형이니까… 변 BC가 지름이 되고 꼭짓점 A는 원
       주 위에… 어? 뭐야?

칠판에 나가 그림에 반지름을 표시하더니 '6'을 지우고
'5'를 쓰는 지우.

지우   높이가 곧 반지름이니까, 6이 아니라 5잖아요.

학성   아주 바보는 아니구만.

지우, 의기양양하게

지우   에이~ 이건 아저씨가 문제를 잘못 낸 거죠. 이걸 남한에
       선 '출제 오류'라고 하거든요? 시험에서 이럼 다 맞게 해
       줘요.

이상한 나라의 수학자

학성	규칙 3! 시험이나 성적엔 관심 없다. 이 삼각형은 존재하니? 안 하니?
지우	그야… 존재할 수 없죠.
학성	그런데… 어떤 바보가 있지도 않은 삼각형의 넓이가 30이라고 우기면? 그것도 새벽닭이 울기도 전에 세 번씩이나?
지우	제가 또 언제 세 번이나…

INSERT

지우가 우기는 컷들.

"30요", "60 나누기 2니까 30", "맞잖아요 30!"

지우	누가 일부러 잘못된 문제를 낼 줄 알았어요?
학성	맞히는 데만 욕심을 내니까 눈이 먼 거다. 답을 내는 것보다 중요한 건, 질문이 뭔지 아는 거다. 왜냐하면! 틀린 질문에서 옳은 답이 나올 수 없기 때문이지. 그러므로!

쾅쾅쾅… 삼각형 옆에 "∴"을 찍더니 그림에 커다란 엑스표를 긋는다.

학성	답을 맞히는 것보다 답을 찾는 과정이 중요하다. 그게 수학이야. 알갓니? (무심결에) 엡실론?
지우	엡실론?

INSERT

호텔 로비. 현수막이 보인다. '23rd International Mathematics Olympiad / 1982, Budapest. Hungary'.
소파 가운데 구부정한 유대인 노인.[4] 양쪽의 동양인 소년 둘이 수학 문제를 푼다. 코 옆에 큰 점이 있는 고등학생 소년의 가슴엔 태극 마크가, 열 살 남짓 꼬마의 가슴엔 인공기가 붙어 있다. 어린 시절 학성이다. 꼬마 학성이 문제를 다 풀고 노인을 올려다보면

노인   엑설런트 잡, 엡실론!Excellent Job, Epsilon!(잘했구나, 엡실론!)

두 소년에게 각각 만년필 한 자루씩을 나눠주는 노인.

CUT TO

아지트. 만년필을 만지작거리는 학성.

지우   뭐예요, 엡실론이?
학성   (중얼거리는) 작고도, 작은, 무한히 작은…
지우   작은…?

학성, 지우를 흘깃 보더니

---

4 헝가리 수학자 에르되시 팔(1913~1996)이 모티프. 일정한 거처 없이 전 세계를 떠돌며 수학을 연구한 괴짜로, 오일러 다음으로 많은 논문을 남긴 천재 수학자. 수학을 잘하는 꼬마들을 '엡실론'이라 부르며 귀여워했고, 자신이 낸 문제를 풀면 작은 상금이나 선물을 주곤 했다.

학성	한심하고 하찮은 존재.
지우	하찮…!

34. 교정 일각, 밤

경비실로 향하는 학성. 서너 걸음 뒤에서 따라가는 지우.

학성	어델 따라오네?
지우	(능청) 자야죠. 밤도 늦었고.
학성	!
지우	(배시시) 차 끊어졌어요.

35. 경비실, 밤

딸기우유를 마시는 학성. 꿀꺽 군침을 삼키는 지우.

학성	눈독 들이지 말라, 수업료에.
지우	누가 눈독을 들였다고…

학성, 다 마신 우유 팩을 접어 구석의 상자에 넣는데
빈 팩이 수북하다.

지우	저걸 혼자 다? 헐! 딸기우유 땜에 탈북했나 봐?

하는데 지우 품에 훅 날아드는 담요.

학성   깔라.

지우, 담요를 깔다가 카세트 플레이어를 보고

지우   뭐예요? 라디오? 엠피쓰리?

지우, 플레이 버튼을 누르자 자글자글 잡음과 함께 바흐의
무반주 첼로 곡이 나온다.

지우   오! 완전 신기해! 무슨 노래예요?
학성   바흐.
지우   바흐! 알아. 음악의 아버지!
학성   곡은 모르면서, 어찌 걔네 아버진 아네?
지우   음악의 엄마도 알아요. 헨델!
학성   (피식)

나란히 누워 음악을 듣는 둘.

지우   바흐⋯ 좋아하나 봐요?
학성   음악의 시작이자 끝이지.
지우   시작은 그렇다 쳐도⋯ 끝이기까지야⋯
학성   인류가 멸망해도 바흐 악보만 있으면 모든 음악을 복원할
        수 있다는 거 아니네? 바흐는 음악의 본질이고, 바흐의 본

이상한 나라의 수학자

질이 바로 이 첼로 곡들이다.

베개를 끼고 엎드리는 지우.
본격적으로 대화를 나눌 셈이다.

지우   근데… 아저씬 왜 남한에 오셨어요?
학성   수학 이외의 질문은 하지 않는다!
지우   바흐 얘긴 실컷 하더니…

돌아눕는 학성, 창밖을 보며 가늘게 한숨을 뱉는다.

36.   회상: 중국 장거리 버스●

황톳빛 먼지를 일으키며 대륙의 황량한 평원을 달린다. 차
안에선 아이가 울고, 꾀죄죄한 남자들이 담배를 피워댄다.
초라한 행색의 학성, 태연 부자가 긴장한 표정으로 나란히
앉아 있다.

태연   아버지… 괜찮겠지요, 우리?
학성   자두라. 먼 길이다.

어느새 밤. 차창에 학성 부자의 모습이 비친다. 잠든 아들
의 어깨를 가만히 다독이는 학성의 우수 어린 눈빛.
버스 엔진 소리 잦아들며 암전.

37.　　　경비실, 아침

캄캄한 화면 위로 들리는 목소리.

(목소리)　최 씨! 최 씨! 일어나!

화면 밝아지면 주간 경비의 모습 보인다.

경비　　위쩐 일이여. 달게 잠을 다 자고?

이제 막 잠에서 깬, 멍한 듯 평온한 학성의 눈빛.

38.　　　교실, 낮

칠판에 '피타고라스 어워드'라 쓴 뒤 톡톡 치는 담임.

담임　　역사와 전통에 빛나는 우리 동훈고의 수학 경시대회다. 날
　　　　이면 날마다 보는 시험이 아니야. 1학년 말에 딱 한 번만
　　　　볼 수 있다. 이 시험을 봐야 진짜 동훈인이 되는 거지. 여기
　　　　서 메달 땄던 니 선배들, 국제 수학 올림피아드를 휩쓸고
　　　　지금 동숭동, 신촌에서 흰 까운 걸치고 있는 건 잘 알 거야.
　　　　출제부터 채점까지 실력 있는 외부 교수님들이 하신다. 고
　　　　로! 어떤 문제가 나올지 쌤도 모른다. 며느리도 몰라.
의준　　올해도 상은 세 명만 주나요?

담임	당근이지. 금, 은, 동 딱 셋. 머글들 다니는 학교에선 툭하

담임　당근이지. 금, 은, 동 딱 셋. 머글들 다니는 학교에선 툭하면 경시대회랍시고 수십 명한테 상을 남발하는 모양인데, 피타고라스 어워드는 그런 싸구려가 아니야. 플러스… 니들이 국제 수학 올림피아드에 나가서 금메달 땄다고 치자. 이거 학생부 전형 때 못 쓰는 거 알지? 노벨상을 받아도 대학 갈 땐 아무 도움이 안 된다고. 근데 피타고라스는 어때? 교내 상이잖아. 쓸 수 있단 말이야. 요게 핵심이야.

지우, 시큰둥하게 앉아 연습장에 '교내상' '학생부' 따위를 낙서한다.

보람　세 명 빼면 나머진 들러리네.

담임　굿 포인트! 때문에 메달권 진입이 불가능한 녀석들이 아예 포기해버리는 병폐가 있었다. 그래서 올해는 기말시험을 요걸로 대체해서 내신에 반영할 거야.

아이들　우~

담임　자~ 아직 2개월 남았다. 담임으로서, 수학 담당으로서 꼭 우리 반에서 금메달이 나오길 간절히 바란다. 알겠습니까?

39.　몽타주: 딸기우유를 사는 소년

매점. 딸기우유를 사는 지우.
친구들과 들어서다 흘깃 보는 보람.

　　　　　　　　　　　　　　　　　　각본

다른 날. 딸기우유를 사는 지우.
과자를 먹으며 수다를 떨다 목격하는 보람.

또 다른 날, 딸기우유를 사는 지우의 뒤에서 불쑥

보람　　딸기우유 중독이냐? 하나만 줘봐라. 누나도 맛이나 보자.
지우　　(멀뚱히 보다가) 일없다. 꺼지라우.

매점을 나서는 지우. 미심쩍게 노려보는 보람.

40.　　아지트, 밤

수열의 합 문제가 쓰인 칠판. 분필을 든 지우, 난처하다.
연필을 깎으며 딴청을 피우는 학성.

지우　　잘 모르는 단원인데… 뭔가 설명을 해주시면―,
학성　　―다 더하믄 뭐가 나오는지 묻는 거 아니니?
지우　　그건 알지만…
학성　　일없다. 풀라.
지우　　(입이 나와) 무식하게 다 더해서 풀란 건 아닐 거잖아요.
학성　　왜 아니네?
지우　　이걸 다 더하라구요? 진짜?
학성　　(끄덕)

CUT TO

이마에 땀까지 맺힌 지우. 칠판 세 개를 가득 채우고 마침
내 답을 쓴다. 이마를 쓱 닦자 분필 가루가 묻어난다.

지우   풀긴… 풀었어요.

두툼한 책을 펼쳐 보이는 학성. 두 페이지에 걸친 사진.
펜글씨로 빽빽하게 숫자를 쓴 누군가의 노트다.

학성   보라우. 여기. 이게 뭘 푸는 거 같니?

지우   1.414… 루트 2?

학성   기래. 소수점 아래 몇 개니?

지우   둘, 셋… 서른일곱, 서른여덟.

학성   루트 2를 소수점 서른여덟 자리까지. 그것도 손으로.

지우   그냥 루트 2라고 쓰면 되지 뭐하러 이걸… 변태다.

학성   이 변태가 바로 게오르크 프리드리히 베른하르트 리만 동
                지다.

지우   리만? 리만 가설의 그 리만요?

학성   수학은 못하면서 쓸데없는 건 많이 안단 말이지.

지우   (부글부글) 소수의 규칙에 관한 가설이구… 아직 증명 안
                된 거… 맞죠?

학성   글쎄…

지우   증명됐어요?

학성   아직은 아니지. 자… 문제는 최고의 수학자로 존경받는
                리만 동지가 어째서리 이런 한심한 계산을 했냐는 거지.

지우	내 말이!
학성	친해지려고 그런 거다.
지우	루트 2랑요?
학성	공식 한 줄 외워서 풀어버리면 절대 친해질 수 없는 거다. 살을 부대끼며 친해져야 리해가 되고, 리해하면 사랑할 수 있다.
지우	그렇다고 무대뽀로 계산을 해요?
학성	계산이 중요한 게 아니다. 생각! 공을 들여서 천천히! 아주 꼼꼼하게 생각하란 거지. (칠판 흘깃 보고) 그래 좀 친해졌니?
지우	뭐… 좀… 근데 답이 뭐예요?
학성	그걸 왜 나한테 묻네?

지우, 황당해서 말문이 막히는데

학성	니가 낸 답이다. 니가 확인해야지 누가 확인하네?
지우	네에?
학성	답이 없는 문제를 풀고, 그게 맞는지 확인하고, 증명하는 게 수학자들 일이다.
지우	저기요. 전 수학자가 아니라 수포자라구요! 이거 세 시간 걸렸어요. 시험 문제를 이렇게 풀어서는―,
학성	―규칙 3! 뭐니?
지우	(볼멘소리) 시험이나 성적에 관심 없다.
학성	그렇지. 숙제다. 맞는지 확인하라우.

41.   아지트, 밤/새벽

학성이 스도쿠를 푸는 동안 셔츠 차림으로 책상에 앉아
다시 문제에 매달리는 지우.

CUT TO

창밖 가로등 곁, 은행나무가 점차 물들더니 노란 잎이 함
박눈처럼 바람에 흩날린다.

CUT TO

문제를 푸는 지우, 어느새 스웨터 차림이다. 기지개를 켜
더니 책상에 흩어진 연습지들을 정리한다. 깨알 같은 수와
식, 그래프로 가득하다.

CUT TO

조용히 과학관 현관을 나서는 지우.
차가운 새벽 공기에 어깨가 부르르 떨린다.

CUT TO

학성, 책상 위에 얹힌 종이 한 장을 들여다보고 미소 짓는다.

42.   교실, 낮

보람이 엎드려 자는 지우를 툭툭 쳐 깨운다.

보람   어이 총각!

침을 닦으며 부스스 일어나는 지우.
떡 진 머리에 수염까지 듬성한 몰골.

보람   와…! 퇴사 한 달 만에 노숙자 다 됐구만.

지우, 다시 엎드리는데

보람   선생님? 선생님~ 여기서 이러시면 안 돼요.
면회예요. 면회!

보면, 어색하게 손짓하는 #28의 여드름 소년.

43.   교문, 낮 °

나란히 걷는 지우와 여드름.
여드름, 백팩을 메고 커다란 캐리어를 끌고 있다.

여드름   맨날 마주치면서 이제야 말을 트네. 처음부터 알았다. 너
도 알았지?
지우   (끄덕)
여드름   사배자들끼리만 어울린단 소리 들을 거 같아서… 미안하
다.

지우	미안하긴… 전학… 어디로 가?
여드름	집 근처. 일반고.
지우	왜… 가는 거야? 아! 물어봐도 돼?
여드름	재작년 졸업생 중에 강석우 형이라고 알아?
지우	(끄덕)
여드름	사배자잖아. 그 형두. 여기서 바닥만 깔아주다 내신 9등급 맞으니까… 수시로는 도저히 갈 데가 없었나 봐. 근데 우리 학교는 수능 안 챙겨주잖아. 결국 재수까지 했는데 신통치 않으니까… 그냥 포기하고 올해 군대 갔대.
지우	집에선 아깝다 안 해?
여드름	할머닌 입시 이런 거 잘 모르시니까… 이런 덴 줄 알았으면 안 오는 건데…

이제 교문 앞에 선 두 소년, 악수한다.
여드름, 두어 걸음을 떼다가 돌아서며

| 여드름 | (머뭇대다가) 너두 잘 생각해봐. 너무 늦기 전에. |

44.   운동장, 낮

줄지어 기다리던 외제 차들이 아이들을 하나둘 싣고 떠나는 명문 자사고의 전형적인 금요일 방과 후 풍경. 스탠드에 앉은 지우가 묵주를 튕기며 그 광경을 바라본다.
백팩을 멘 보람, 옆에 앉으며

각본

보람	너도 갈 거야, 전학?
지우	꺼져줄래?
보람	사배자들 전학 보내는 게 트렌드라던데?
지우	재밌냐? 사배자 가지구 노는 게?
보람	같은 처지니까 하는 소리지.
지우	(버럭) 같아? 어디가 같은데? 너랑 나랑 어디 한구석, 비슷한 데라도 있냐구?

뜻밖의 격한 반응에 보람, 말을 잇지 못하는데. "보람아~!" 하는 여자의 목소리. 벤틀리 컨티넨털 옆에 선 중년 여성이 손을 흔든다. 벌떡 일어나 가버리는 지우. 그런 지우를 바라보는 보람의 당혹한 눈빛.

45.   차 안, 낮°

기사가 모는 차. 뒷좌석에 나란히 앉은 보람 모녀.

보람 모	누구야, 쟤?
보람	사배자야.
보람 모	어렵게 넣어줬더니… 좋은 애들 다 놔두고 어디서…
보람	사배자가 사배자 사귀는 게 어때서?
보람 모	너는 다르지. 비경제적 사배자잖아.
보람	헐! 부모 이혼해서 싸가지 없이 자란 건 벼슬이고, 가난한 집에서 힘들게 공부한 건 낙인이네?

보람 모	누가 낙인이래?
보람	친구도 하지 말래매? 배려 대상자가 아니라 차별 대상자 잖아!

보람 엄마, 화를 누르며

보람 모	암튼… 오늘부터 수학 학원 바꿨으니까.
보람	왜 또?
보람 모	대입은 수학이야. 다른 과목으로는 변별력이 없잖니. 어렵게 난 자리야. 니네 담임이 연결해준 데니까…
보람	헐! 그거 불법 아냐?
보람 모	너 생각해서 해준 건데 고마운 거지. 피타고라스 어워드로 기말고사 대체한다며?
보람	어떻게 이놈의 학교는 모든 정보가 실시간 싱크냐?
보람 모	강사가 아주 쪽집게래. 특목고 애들만 모은 소수정예 반이야. 기하랑 해석학 쪽으루 특화해서…
보람	기~하? 해석~? 우와, 발레 전공하신 분한테 나올 말은 아닌 거 같은데?
보람 모	(발끈) 엄마도 수능 보고 대학 갔어. 예체능은 뭐 일자무식인 줄 알아?
보람	듣던 거랑 많이 다른데? 외할아버지가 그 대학에 커다란 연못 파주고…
보람 모	(기사 눈치 보며) 너! 조용히 못 해?

46.   고급 오피스텔 . 밤

대리석 벽에 로스코Rothco 풍 추상화가 걸려 있는 복도.
보람 모녀가 손바닥만 한 표찰이 붙은 문 앞에 멈춰 선다.
'오일러 수학 연구소'.

보람   연구소?

보람 모, 인터폰을 누른 뒤 자신의 옷매무새를 다듬으며

보람 모   소수정예라니까. 엄청 비싼 덴 줄이나 알아.

47.   아지트 . 밤

학성, 들어서면
지우, 스마트폰으로 바흐를 틀어놓고 연필을 깎고 있다.

학성   뭐하네?
지우   이거… 왜 하는지 알갓습네다.

새 연필을 집어 들며

지우   마음이 좀 편해집네다.
학성   롱간 부리지 말고 공부나 하라.

지우, 못 들은 척 연필을 깎으며

지우   옆 반 애가 전학 갔는데… 걔두 사배자예요.

48.   교정 일각, 밤

나란히 걷는 학성과 지우. 지우는 캐리어를 끈다.

지우   생각해보면 담임이 전학 가라는 게 틀린 말은 아니에요.
학성   옳은 말도 아니지.
지우   ?
학성   증명되지 않은 건 믿지 않는다. 그게 수학자다.
지우   그치만…
학성   가지 말라, 전학. 증명하기 전까진.
지우   그게 될까요? 수학이 이 모양인데?

학성, 빤히 보다가

학성   수학을 잘하려면 뭐가 필요한지 아니?
지우   (시큰둥) 머리겠죠. 뭐.
학성   머리 좋은 녀석들이 제일 먼저 포기하지.
지우   설마 '노오력'은 아니죠? 하지 마요, 그거.
학성   (피식) 그다음으로 나자빠지는 게 노력만 하는 놈들이야.
지우   에? 그럼 뭔데요?

학성	용기.
지우	(실망해서 빈정대듯) 아자! 할 수 있다! 이런 거요?
학성	그건 객기고. 풀리지 않는 문제가 있을 때 화내거나 포기하는 대신 '음… 어렵구나. 내일 다시 풀어봐야갓구나' 하는 마음. 그런 게 수학적 용기다. 그렇게 담담하면서도 꿋꿋한 녀석들이 결국 수학을 해내는 거지.
지우	(한숨) 나랑은 머~언 얘기네요.
학성	니 얘기다.
지우	?

학성, 팔꿈치에 끼고 있던 두툼한 서류 봉투를 지우에게 건넨다. 봉투를 여는 지우. 지금껏 학성에게 제출한 답지다. 꼼꼼하게 빨간 펜으로 코멘트가 달려 있다.

지우	어? 이거…

넘겨보면, 지우의 답에 표시된 'O'와 'X'… 언뜻 봐도 'X'가 훨씬 많다.

지우	(맥 빠진) 뭐야… 맞은 게 별로 없네.
학성	답은 틀렸지만, 풀이 과정이 옳다. 지금껏 포기하지 않고 여기까지 네 힘으로 오지 않았네? 그럼 된 거다. 그러니까…

어느새 기숙사 앞.

이상한 나라의 수학자

학성	증명하라우. 전학이 옳은지, 그른지.
지우	(끄, 끄덕)
학성	들어가라.
지우	안 섭섭해요? 한 달이나 같이 살았는데?
학성	일없다.

학성, 휙 돌아서 어둠 속으로 멀어지고
지우, 오래도록 그 모습을 바라본다.

49.   지습실, 밤

지우의 책상에 턱 놓이는 딸기우유. 보람, 우유를 두고 말
없이 시크하게 자기 자리로 돌아간다. 딸기우유에 붙은 포
스트잇. "총각! 어젠 누나가 미안!"
피식 웃더니 일어서는 지우. 보람을 향해 다가간다. 긴장
하는 보람. 그러나 모른 척 책을 보는데. 지우, 보람을 스쳐
출구로 향한다. 상기된 얼굴로 지우를 노려보는 보람.

50.   과학관 안팎, 밤

현관 앞. 두리번거리던 지우가 안으로 들어간다.
휴대전화 불빛에 의지해 더듬더듬 걷는 지우.

각본

51.   아지트, 밤

칠판 앞 지우가 자신이 푼 내용을 학성에게 설명하는데
"똑똑" 노크 소리.
지우와 학성, 얼음이 되는데 "삐이익" 문이 열린다.

보람   어! 인민군?

CUT TO

보람, 학성에게 공손하게 인사한다.

보람   안냐세여. 저는 지우랑 같은 반이구, 보람이에요. 박보람.
지우   뭐야? 그 혀 짧은 소린? 평소 하던 대루 해.
보람   말씀 많이 들었어요.

지우를 쳐다보는 학성. 지우, 당황하여 손사래를 치며

지우   아니에요. (보람에게) 너! 무슨 말씀을… 누가, 언제 했다고.
보람   우리 지우가 많이 부족한데 이렇게 챙겨주시고… 뭐라 감
       사의 말씀을…
지우   도대체 왜 이래?
보람   잘 부탁합니다.
지우   부탁은… 뭘 부탁―,
보람   ―사실은… 제가 얠 좋아하거든요.
지우   뭐?

| 보람 | 애가 진국이에요. 의리도 있고… (지우 훑어보며) 뭐, 이만 하면 반반하구. |

갑작스러운 고백에 얼음이 되는 지우.

52.   담장 인근, 밤

나란히 걷는 셋.

보람	가끔 놀러 와도 되죠?
지우	무슨 말도 안 되는…
학성	비밀만 지킨다면.
지우	(학성에게) 뭐야. 이렇게 쉽게?
학성	(딴전)
지우	(보람에게) 너! 진짜 다른 데서 얘기하면 안 돼.
보람	내가 너냐?
지우	아~ 진짜! (학성에게) 아니에요.
학성	근데… 내가 왜 인민군이네?
보람	글쎄요. 그냥… 북한에서 왔으니까?
학성	군대… 안 갔는데…
지우	면제? 와~! 신의 아들이네! 금수저!
보람	어! 저거 뭐야?

멀찍이 담장 개구멍으로 뭔가를 들이는 학생의 모습.

지우	저거, 저거… 뭐지? 피자? 치킨?
보람	한지우 퇴사 당한 지 얼마나 됐다고. 저분이 진정한 용자
	네. 아주, 응?

지우, 기대에 찬 눈빛으로 학성을 바라보는데
학성, 외면하며 걷는다.

지우	안 잡아요?
학성	일없다.
지우	에? 그런 법이 어딨어요? 나만 종간나인 거야?

툭탁거리며 학성을 따라 걷는 지우, 보람.

53.   교실, 낮

쉬는 시간. 지우, 수학 문제를 풀다가 머리를 북북 긁으며
혼잣말로

지우	아~ 몰라. 복잡하다고!
(학성)	수학이 단순하단 말을 못 믿네?

54.   아지트, 밤

마주 앉은 학성과 지우.

지우   아마 아무도 안 믿을걸요?
학성   곧 믿게 될 거다. 인생이 얼마나 복잡한지 알게 되면.[5]
지우   아저씬 처음부터 알았어요? 왜 이딴 걸 공부했어요?
학성   장학금 받으려고.
지우   완전 현실적이네.
학성   다른 동무들보다 앞서고 싶었고, 가정 형편상 앞서야만 했
        지. 시작은 그랬지만, 계속하게 된 건 다른 이유다.
지우   그건 뭐예요?

학성, 입꼬리가 올라가더니

학성   아름답지 않니?
지우   아름…? 도대체 어디 가요?

학성이 칠판에 "e=2.71828…"를 쓴다.

---

5   헝가리 수학자 폰 노이만(1903~1957)이 한 말. 수학은 물론 물리학, 컴퓨터공학에서도 탁월한
    성과를 남겼다. 수학자들에게 '천재'로 불리는 수학자. 미국에 망명하여 맨해튼 프로젝트에 참여
    했다.

INSERT

영종대교 원경.

교각 사이로 늘어뜨린 줄 위에 '$y = \frac{e^x + e^{-x}}{2}$'가 뜬다.

학성   자연상수다. 다리에 늘어뜨린 줄을 이걸로 표현할 수 있지.

"π"를 쓴다.

INSERT

그래픽. 원과 지름 위로 숫자 3.1415…이 흐른다.

학성   파이. 원주율이다. 다음…

"i"를 쓴다.

INSERT

그래픽 '$\sqrt{-1} = i$'이 지우의 머리 위에 떠오른다.

학성   상상의 수. 허수.

"1"과 "0"을 쓴다.

학성   가장 작은 자연수 1과 '없음'을 표현하기 위해 '존재'하는
역설의 숫자 0!

이제 칠판엔 ‘e π i 1 0’이라고 쓰여 있다.

학성　　아무 관계도 없어 보이는 이 숫자들이 … 이렇게 연결된다.

학성, 숫자들에 연산자를 넣으면 ‘$e^{\pi i} + 1 = 0$’이 된다. 흐뭇한 표정으로 자신이 쓴 식을 바라보는 학성. 식에서 오로라 빛이 난다.

학성　　오일러 동지가 찾아낸 공식이다. 아름답지 않네? 자연상수에, 파이에 … (‘i’를 가리키며) 허수로 제곱을 했는데 어떻게 0이란 실수로 딱 떨어지네? 아무리 봐도 기가 막히는 …

하며 돌아서는데 멀뚱하게 보고 있는 지우.
휘이익, 바람과 함께 수식을 휘감던 오로라가 사라진다.

학성　　(안타까운) 아니네?
지우　　뭐 … 신기하긴 한데 … 아름다울 거까지야 …

55.　　교정 일각, 저녁

성큼성큼 걷는 학성을 잰걸음으로 따라가며 소곤대는 지우와 보람. 보람은 기숙사에서 나온 듯 트레이닝복 차림이다.

보람	근데 난 왜?
지우	피아노 칠 줄 안다며?
보람	그거랑 수학이랑 무슨 관계야? 화나신 거 같은데…
학성	(중얼) 한심하고 답답한…
보람	(왠지 신이 난) 맞네. 화났네. 화났어.

강당 앞에 멈춰서는 학성, 열쇠 꾸러미를 꺼내며

| 학성 | 들어오라. 본때를 보여주가서. |

56.　강당, 저녁

무대 위 피아노 앞, 보람과 나란히 앉은 학성, 악보대에 종이를 올린다. 음표 대신 숫자가 가득한 종이.

학성	도가 1, 레가 2…
	내가 숫자를 누르면, (보람에게) 반주하라우.
보람	(끄덕)

미, 도, 파, 도… 학성이 시작하면, 보람이 화음을 넣는다. 경쾌하게 때론 구슬프게 이어지는 아름다운 피아노 선율.

57. 교정 일각, 밤 ●

보람, 허밍으로 방금 연주한 선율을 흥얼거리는데
지우, 숫자가 적힌 악보(?)를 들여다보며

지우　삼 쩜 일사일오구이 … 진짜네. 원주율 파이. 이게 아까 그
　　　곡이라구요?

보람　우아! 우아! 멋있어요! 파이 송!

지우　(툴툴) 아무 숫자나 쳐도 나오는 거 아냐?

보람　여보세요! 니가 아무렇게나 치면 음악이 되니?

학성　원주율의 숫자들은 어느 한 곳도 반복되지 않고 영원히 이
　　　어진다. 피아노로 치지 않아도 그저 아름답지 않니? 영원
　　　히 새롭다는 게?

지우　영원히 …

학성　영원불멸! 수학이 아름다운 진짜 이유다. 유클리드가 쓴
　　　기하학 원론을 보라우. 이천삼백 년이 지났지만 한 글자도
　　　고칠 필요가 없는 진리지. 앞으로도 그럴 거고.

지우　이천삼백 년 동안 소년들을 괴롭혀놓고 앞으로도 그럴 거
　　　란 말인가!

보람　소녀도 괴로워.

학성　(미소) 아무나 거저 주워 먹을 수 있으면 그게 진리갓니?
　　　인간의 리성을 극한까지 밀어붙여서리, 영원히 존재할 무
　　　언가를 창조한다는 거 … 이거이 얼마나 영웅적인 일이
　　　네? 설레지 않네? 나는 왜 수학을 하는가? 이게 내 답이
　　　다. 료해하갓니?

학성에게 주먹을 내미는 지우와 보람.

학성   ?

지우, 학성의 손을 잡아 주먹을 쥐게 하고 제 주먹과 부딪친다.

지우   인사예요. 인사. 쫌 멋있거나 고맙거나 그럴 때 이렇게 주먹으로…

다시 주먹을 내미는 지우.
학성, 어정쩡하게 주먹을 내밀어 부딪친다.

58.   몽타주: 아지트, 교실, 학원의 풍경 •

담임의 수업이 진행되는 #교실, #아지트의 스터디 풍경에 보람이 다니는 #학원의 모습이 교차한다.

담임   수학은 원리를 이해해야 하는 학문이다? 맞는 말이야. 좋은 말이고. 근데… 고등학교 수학은 뭐다? 그냥 암기 과목인 거야. 알겠습니까?

학성   외워서 풀지 말라. 생각하고, 상상하라우. 시간이 얼마나 걸리든!

강사	공식 외우기 싫어? 좋아. 공식 유도해서 풀어. 그러면? 종이 칩니다. 시험이 끝나고, 니들 인생도 종 치는 거야. 3분 20초에 한 문제! 거기에 인생이 달려 있다고. 원이 나왔는데 반지름, 보조선 안 그리는 새끼는 지옥 가는 거야!
학성	답보다 중요한 건 과정이고, 올바른 과정만 알면 답은 언제든 구할 수 있다. 알간?
담임	우리가 수학을 배우는 이유가 대학 가는 거야? 노! 노! 그럼 뭐다? 좋은 대학 가는 거야.

59.   고물상, 낮

바둑을 두는 학성과 안기철.
옆에는 노끈으로 묶인 전기난로 2개.

안기철	요즘 좋은 일 있으신가? 첨 봐요. 그런 표정?
학성	별소릴 다 듣누만.
안기철	자~ 살포시 둬 봅니다.

하더니 탁! 자신 있게 두며 학성의 대마를 위협한다.

| 안기철 | 어이쿠! 이거 허허. 죄송합니다. |

학성, 가만히 판세를 들여다보다가

학성   정석에 매달리면…

하더니 뜻밖의 지점에 착수.

학성   다음 수가 안 보이는 법.

안기철의 얼굴에서 미소가 가신다.

안기철   한 수 무릅시다. 인간적으로.
학성   (난로 챙기며) 출근해야지.
안기철   잠깐, 잠깐!

품에서 꺼낸 스마트폰을 배에다 문질러 학성의 주머니에
넣으며

안기철   선물이우. 한 판 이기구 위로 차 드릴라구 한 건데.
학성   필요 없는데…?
안기철   내가 답답해서 그래요. 내가. 바둑 한판 때릴래두 온 동네
헤매면서 형님 찾아 삼만리야. 사진두 찍구, 노래두 듣구
그래요. 큰 건 몰라도 소소한 건 좀 누리면서 삽시다.

60.   아지트, 밤

눈을 가늘게 뜨고 스마트폰을 들여다보는 학성.
문제를 풀던 지우, 슬쩍 다가가며

지우   오! 폰 샀어요? 야동인가?

폰 화면에 빽빽한 영자 논문.

지우   헐! 뭐야?
학성   얼마나 좋니? 전 세계 논문이 손바닥 위에 올라오는 세상
        이다.
지우   보여요? 그게?

61.   자습실, 밤

두리번거리는 지우, '안경'을 발견하고 다가간다. 뭐라 속
삭이는 지우, 고개를 젓는 안경. '한 번만' 애원하는 지우
의 손짓. 안경이 마지못해 뭔가를 말해주면, 지우가 손바
닥에 받아 적는다.

62.   교실, 낮

담임이 판서하며 문제[6]를 푼다.

담임   엑스 엔은 엠 제곱 마이너스 일이니까… 참이야? 거짓이
       야? 그렇지. 참이야. 그럼 참인 것만 고르면? 기억하고 디
       근이 참이지? 따라서 답은 4번. 오케이?

       고개를 갸우뚱하며 자신의 프린트를 보는 지우.
       4번이 아니라, 1번에 동그라미가 쳐 있다.

담임   자… 그럼 다음 문제…

       하는데 손을 드는 지우.

담임   응?
지우   저어… 디근은 거짓인 거 같은데요?
담임   그래! 수업하면 이런 맛이 있어야지.

       담임, 만면에 미소를 지으며 지우를 불러내 분필을 건넨다.

---

6 2009학년도 수능 6월 모의평가 수리 나형 28번 문제에서 착안. 출제기관인 평가원은 4번을 정답
   으로 발표했으나, 항의가 잇따르자 1번 정답으로 처리했다. 그러나 엄밀히 따지면 1번만 정답으
   로 수정하는 것이 '수학적으로' 옳다.

| 담임 | 한 수 부탁드립니다. |
| 지우 | m에다 로그 2를 대입하면 n이 2가 되고 그러면… 0이 될 수 없죠. 그러니까 거짓… 아닐까요? |

지우의 풀이를 보더니 "어? 그러네?" 수긍하는 아이들.
담임, 입꼬리를 움찔하더니

| 담임 | 그래! 일리가 없진 않아. 근데… 이거 답은 무조건 4번이야. 왜냐? 그게 출제자의 의도니까. |

지우가 쓴 'log2'에 커다란 엑스 표를 치며

| 담임 | 출제자는 m을 이런 지저분~한 숫자가 아니라, 자연수로 본 거야. 오케이? 그럼, 다음 문제… |
| 지우 | 그러면 문제에서 '깔끔하게' m을 자연수로 정의했어야 하는 거 같은데요? |

"오오!" 하며 지우를 응원하는 아이들.

| 담임 | (애써 침착하게) 지금 쌤은 시험의 기술을 얘기하는 거야. 그런 고민할 시간이 있으면 다른 문제를 하나 더 푸는 게 이득이야. 시험에 이런 문제가 나왔는데 출제자의 의도를 무시하고 1번을 고른다? 그럼 틀리는 거야. 알겠습니까? 다음! |
| 지우 | 출제자도 틀릴 수 있잖아요. |

담임, 얼굴에서 웃음기가 사라지고
보람, 지우에게 그만하라는 신호를 보내는데

담임	뭐? 출제자? 너 지금 나한테—,
지우	—틀린 문제에서 옳은 답이 나올 순 없는 거잖아요.
담임	그래? 다음 시험에 이 문제 토씨 하나 안 고치고 그대로 낼 테니까, 넌—,
지우	—1번이라고 쓸 겁니다.

벌겋게 달아오른 담임, 문을 가리키며 나직하게 으른다.

| 담임 | 나가! |

아이들을 향해, 그러나 지우 들으란 듯

| 담임 | 대한민국 시험에서 수험생이 할 일은 딱 하나다! 출제자의 의도를 파악하는 것. 출제자가 콩을 팥이라고 하자, 하면 팥인 거야. 거기다 토를 단다? 혼자 병신 되는 거야. 알겠습니까? |

63. 복도, 낮

수업 종료 벨이 울리고 교실을 나서는 담임.
지우를 흘깃 보고 지나치는데

이상한 나라의 수학자

지우 선생님!

담임 (보면)

지우 저, 그냥 다닐래요. 전학… 안 가요.

획 돌아서서 성큼성큼 걷는 지우.
한 대 얻어맞은 표정의 담임.

64. 경비실 앞, 밤

두툼한 서류 봉투를 든 지우, 보람과 함께 서성이다가
학성이 나타나자 활짝 웃으며 손을 흔든다.

학성 실없이 히죽거리네?

보람 얘가 오늘 담임 들이받았어요. (지우에게 엄지척) 님 쫌 짱인
     듯?

지우 (싱글거리며) 이거요.

학성에게 봉투를 건네는 지우.
열어보면 A4 용지에 출력한 수학 논문이다.

학성 하라는 공부는 안 하고…

지우 완전 고맙죠?

학성 뽑아 왔으니, 버릴 수도 없고…

지우 아~ 참 내. 그냥 '고맙소. 지우 동무' 그러면 돼요.

학성	잘들 보라··· 래일 시험.
지우	규칙 3! 시험이나 성적엔 관심 없는 거 아니었어요?
학성	'나는' 관심이 없단 거지, '너희가' 관심이 없어야 한단 말은 아니지.

지우, 주먹을 내민다.
주먹을 부딪는 학성의 얼굴에 미소가 어린다.

65.   학교 전경, 아침

쨍한 겨울 아침. 교사校舍 위 굴뚝에 보일러 연기가 뭉게뭉게 오른다.

(담임)   애타게들 기다렸지? 피타고라스 어워드, 마침내 기어코 드디어 그날이 왔다. 행운을 빈다!

66.   교실, 아침

배포된 시험지를 덮어놓은 채 연필을 깎는 지우, 이윽고 뾰족하게 갈아낸 연필심 끝을 훅 불며 만족한 표정.

시작을 알리는 차임벨이 울리고. 학생들, 일제히 시험지를 뒤집어 풀기 시작한다. 분주하게 펜을 돌리는 의준. 잔뜩

미간을 찌푸린 채 문제에 집중하는 안경. 연필로 밑줄을 그어가며 문제를 읽는 지우.

그런데 보람의 표정이 심상치 않다. 하얗게 질린 얼굴, 바르르 입술을 떠는가 싶더니, 벌떡 일어나 교실을 나간다. 보람이 두고 간 답지를 들어보는 감독 교사. 백지다!

67.   교정 일각, 낮 ●

운동장을 가로질러 달리는 보람. 나무를 짚고 숨을 고르는가 싶더니 "우욱" 구토한다. 눈물범벅이 된 보람의 얼굴에 슬픔과 분노가 교차한다.

68.   교실, 낮

종료 벨이 울린다. 답지를 내고 교실을 나서는 학생들.
지우, 바로 폰을 꺼내 보람에게 전화한다.
"전화기가 꺼져 있어 소리샘으로…"
카톡을 보내는 지우.
"뭐임?", "어딨어?"

69.   보람의 방, 낮

침대에 엎드려 꼼짝 않는 보람. 엄마가 잠긴 문을 두드리며

(보람 모)   담임 쌤한테는 체험 학습 간다고 할 테니까, 당분간 집에 있어. (사이) 다 널 위해서…

보람, 벌떡 일어나더니 책가방을 쾅, 문에 집어 던진다.

70.   전철, 저녁

패딩 점퍼 차림으로 나란히 앉은 학성과 지우.

지우   아 글쎄 가보면 안다니까요.
학성   내가 아는 훌륭한 수학자[7]는 말이다. 서른 살에 소설을, 마흔 살에 영화를 끊었지. 그러니까 영화 따위로 시간 낭비할 거면…

철교를 건너는 전철 위로

(지우)   저 열일곱이거든요! 소설은 13년, 영화는 23년 더 봐도 되겠네요. 그리고 '영화 따위' 보러 가는 거 아니거든요?

---

7 에르되시 팔.

71.   콘서트홀 로비, 저녁

입구에서 멈칫하는 지우와 학성.
잘 차려입은 사람들 탓에 살짝 주눅이 든다.

학성   비싼 거 아니네?
지우   보람이 외할아버지네 회사에서 후원하는 거래요.

지우, 학성의 어깨를 툭툭 털어주며

지우   갑세다!

72.   객석, 저녁

나란히 앉은 학성과 지우. 보람의 자린 비어 있다.
폰을 열어보는 지우. 보람에게 보낸 메시지는 여전히
'읽지 않음' 상태다.

학성   영 안 오는 거니?
지우   시험 망쳤다고 그러나 봐요. 워낙 멋대로잖아요.

그때 객석에서 박수 소리.
우아한 백발의 연주자가 첼로를 들고 입장한다.
기대에 찬 표정으로 무대를 주목하는 학성과 지우.

이윽고 연주자의 활이 움직인다.
묵직한 첼로 선율에 빠져드는 학성.
그런 학성을 힐끗거리며 뿌듯해하는 지우.

73.   세종문화회관 앞, 밤

넓은 계단을 내려오는 학성과 지우.
광화문 광장에 크리스마스트리가 휘황하다.

지우   총화해보시라요.

여운에 젖은 듯 잔잔한 미소만 짓는 학성.

지우   완전 다르죠? 폰으로 듣는 거 하고 완전 달라. 그죠?
학성   흐음…
지우   웅? 아녜요? 별로였어요?
학성   배고프지 않네?

74.   학성의 집, 밤°

밥상에 마주 앉은 학성과 지우.
된장찌개에 김치 한 종지, 달걀부침뿐이지만…
"와~ 맛있겠다!" 하며 수저를 드는 지우.

이상한 나라의 수학자

그런데 학성은 상념에 잠긴 듯 보고만 있다.

지우   안… 드세요?

김이 모락모락 오르는 밥을 한술 떠 입에 넣는 학성.
만감이 교차한다.

지우   처음 봐요. 아저씨 밥 먹는 거. (배시시) 좋다.

눈시울이 붉어진 학성, 꿀꺽 삼키며

학성   들자우!
지우   (찌개를 먹더니) 뭐야, 이거…! 맛있잖아!

볼이 미어지게 먹는 지우의 모습을 흐뭇하게 보는 학성.

CUT TO
점퍼를 입다가 구석의 수조를 발견한 지우.

지우   와! 이런 것도 키워요? (청거북에게) 동무가 고생이 많다,
까칠한 아저씨 만나서.

학성, 지우 옆에 나란히 서서 청거북을 보며

학성   아들이 키우던 거다.

지우	아들?
학성	…
지우	어디… 갔어요?
학성	(한참 만에) 사고가… 있었다.
지우	!

75. 단지 일각, 밤 •

말없이 걷는 둘.
힐끗힐끗 학성의 눈치를 살피던 지우가 입을 연다.

지우	언제… 그랬어요?
학성	3년 됐다.
지우	나빴다.
학성	(보면)
지우	반칙이잖아요. 자기가 먼저… 울 아빠보다 더 나쁘죠.
학성	보고 싶네? 니 아바지?
지우	글쎄요… 보고 싶다기보단… 원망 정도? 아주 가끔.
	아저씬 안 그래요?
학성	일없다.
지우	그거 알아요? 아저씨가 '일없다' 하는 게 '그렇다'로 들리는 거?
학성	일없다.

지우, 멈추더니 제 묵주를 풀어 학성의 손목에 채운다.

학성   ?

지우   인터넷에서 본 건데, 슬플 땐 참지 말고 그냥 우는 게 좋
         대요. 근데 너무 슬플 때 있잖아요. 울어도 울어도 소용없
         는… 그럴 땐 뇌에 신호를 보내는 거예요.

학성 손목의 묵주를 늘렸다 놓고, 또 늘렸다 놓으며…

지우   이제 그만… 이제 그만… 이렇게.

학성   날 주믄, 넌…?

지우   전, 이제 필요 없을 거 같아요. 으… 춥다. 들어가세요.

지우, 돌아서려는데

학성   보라우.

지우   ?

학성   고맙다. 오늘…

지우, 환하게 웃더니 성큼 다가와 학성을 안는다.
학성의 눈가가 촉촉하게 젖는다.

각본

76. 교장실, 낮°

교장 앞에 선 담임, 얼굴이 흙빛이다.

담임   무, 문제 유출이라뇨?
교장   대숲? 그게 뭐야?

INSERT
보람의 방. 어둠 속 보람의 얼굴에 스마트폰 빛이 번진다.
엄청난 속도로 엄지 타이핑을 하는 보람의 결연한 표정.

담임   애들이 페이스북에 만든 익명 게시판이에요.
교장   그래. 거기에 그런 글이 올라왔대. 행정실장이 보고 일단
        삭제했다는데… 어떻게 된 거예요?
담임   … 아마 시험 망친 녀석들이 괜히 투정 부리는 걸 겁니다.
교장   색출해서 혼꾸멍내봐요. 그놈의 인터넷… 끊어버리든가
        해야지. 애들 단속 잘해요. 헛소문이라도 교육청에 들어가
        면 괜히 골치 아파진다고.
담임   그렇죠. 그렇죠.

77. 교보문고 곳곳, 낮

외서 코너. 수학 책을 뒤적이는 학성과 지우.
계산대. 두툼한 원서 두어 권을 올려놓는 학성.

이상한 나라의 수학자

직원	22만 6천 원입니다.
지우	힉! 이십이만? 이게?

하는데 꼬깃한 지폐를 꺼내 계산하는 학성.

지우	로또 맞았어요?
학성	돈 벌어서 뭐하니? 이런 데 쓰는 거지.

그때 뒤에서

(목소리)	리 선배님!

보면, 삐질한 양복쟁이가 학성을 부른다.
#31에서 TV에 나왔던 박필주다. 그의 뒤편으로 사진이
크게 들어간 포스터. '《나는 서울의 평양 시민》 저자 사인
회' '김일성대학 출신 박필주의 육필 수기'
반갑게 학성의 손을 잡는 박필주.

박필주	맞지요? 리학성 선배님? 야~ 맞네. 맞아. 반갑습네다.
지우	(혼잣말) 리…학성?
학성	누구…?
박필주	접네다. 필주, 박필주. 김대 경제학과 박필주.
학성	아…
박필주	기억나시지요? 저희 과 와서 수학 강의하셨잖습니까? 공화국 최고 수학 천재를 남조선에 와서 다시 뵙다니. 야~

이거이… 반갑습네다!

명함을 건네며 설레발을 치는 박필주.
그러나 학성은 영 불편한 눈치다.
박필주, 지우를 보더니.

박필주   (생각해내며) 태연이. 태연이 맞지요? (지우의 어깨를 치며) 이
         녀석, 아주 청년이 다 됐구나야. 아버지 닮아서 똘똘하게
         생겼구만 기래. 기억나네? 내가 너 어렸을 때 얼음보숭이
         도 사주고 그랬는데?

         곤란한 얼굴로 학성을 바라보는 지우.
         학성, 지우의 손을 잡아끌며

학성   반가웠소. 그럼 이만… 가자.

         박필주, 출구로 향하는 학성의 뒤에 대고

박필주   연락하시라요. 꼭!

78.   거리, 낮

         잰걸음으로 걷는 학성. 보조를 맞추려 애쓰는 지우.

지우	이학성이에요? 원래?
학성	…
지우	김일성대학이면 서울대 같은 거죠? 교수…님?인 거예요?
학성	…
지우	아들 이름이 … 태연이?
학성	(퉁명스레) 수학 이외의 질문은 하지 않는다…

79. 임대아파트 단지, 낮 ●

학성과 지우, 단지로 접어드는데 탈북자 입주를 반대하는 현수막 아래 서명을 받는 주민 여남은 명. 중년 사내가 학성에게 다가와 서명을 권한다.

중년남	싸인 좀 하고 가요, 싸인.

학성, 외면하고 지나치려는데

지우	저기요.
중년남	?
지우	탈북자 아니구요. 북한이탈주민, 줄여서 탈북민이에요. 그리고 아저씨랑 똑같은 입주민이에요. 똑같이 관리비 내는―,
중년남	―너, 북한 놈이야?

학성, 지우를 잡아끄는데

지우　　그렇다면요?

중년남　어떻게 똑같애? 우리가 낸 세금으로 거저먹고 사는 주제
　　　　에 도대체 왜 여기까지 기어 와서 남의 아파트값 떨어뜨리
　　　　는데?

지우　　여기 임대아파트거든요? 무슨 아파트값이 …

하는데 중년남, 지우에게 위협적으로 다가서며

중년남　하여간, 이것들 주둥이만 살아 가지구…
　　　　아쭈? 눈을 부라려? 어른한테?

학성　　그만합세다!

학성, 지우를 돌려세워 가려는데

(중년남)　자식 교육 똑바루 시켜! 아니면 도로 데리구 올라가든가!

눈에서 불똥이 튀는 학성, 천천히 중년남에게 다가서며

학성　　지금… 뭐라 했소?

중년남　남한 말 몰라? 엉겨 붙지 말고 북한으로 돌아… 컥!

순식간에 중년남의 멱살을 틀어쥐는 학성.

　　　　　　　　　　　　　　이상한 나라의 수학자

학성   (이글이글) 다시 한번 쥐쳐대보라!

주민들이 몰려들고, 지우가 달려가 학성을 떼어낸다.

80.   지구대 앞, 낮 •

낡은 트럭이 급정차한다.
안기철이 내려 지구대로 급히 들어간다.

CUT TO
목에 지지대를 한 중년남이 거만하게 돈을 세며 지구대를
나서고, 안기철이 굽실거리며 그를 배웅한다. 이어서 지구
대를 나오는 학성과 지우.

81.   트럭 안, 낮 •

앞자리에 나란히 앉은 세 사람.
안기철, 지우 건너 조수석의 학성에게 너스레를 떤다.

안기철   아, 그 개자식… 기왕 깽값 물어줄 거, 시원하게 죽통이나
        한 방 날리시지. 에? 형님?

말없이 텅 빈 눈으로 전방을 바라보는 학성.

안기철도, 지우도 참담한 침묵을 깰 엄두를 내지 못한다.

82.   학성의 집, 밤 •

차륵, 차륵… 멍하니 앉아 손목의 묵주를 튕기는 학성.

83.   회상: 아들의 방황, 밤

#1의 장면. 마침내 'Q.E.D'를 쓰고 연필을 놓는 학성.
그때, 현관문이 열리고 얼굴 여기저기 상처가 난 태연이
술에 취한 듯 비틀거리며 들어온다.

학성   니… 그 꼴이 무어네? 만날 싸움박질만 하고… 언제 사람
        될 거니?
태연   그럼 우리 애들이 남조선 애들한테 모두매를 맞는데 보고
        만 있으란 검까?
학성   누구 땜에 여게까지 왔는데—,
태연   —내가 언제 데려와 달라고 했슴까?
학성   니… 지금 그게…
태연   아버지 좋자고 온 거 아님까? 올래면 결핵 걸린 어머니 돌
        아가시기 전에 데리구 왔어야지! 연구소 쫓겨나니까 그 잘
        난 수학 하자고 날 끌고 온 거 아님까?
학성   어째 그것밖에 생각을 못 하니? 니한테 더 좋은 세상 보여

	주고 싶어서 온 건 왜 모르니?
태연	더 좋은 세상? 그래 평생 공부만 하던 사람이 여게 와서 닭 모가지 비틀고, 공사판에서 삽질하니까 아주 살맛이 납니까?
학성	닥치라우!

아버지를 쏘아보던 태연, 울먹이는 목소리로 북한 노래를 부른다.

| 태연 | 척척, 척척척 발걸음! 우리 김 대장 발걸음! … |
| 학성 | 이… 이 자식… |

학성, 손을 치켜드는데 태연이 학성의 팔을 붙잡는다.
한참을 버티다가 아버지의 팔을 뿌리치는 태연.
학성, 비틀하며 책상을 짚다가 원고가 바닥에 흩어진다.
부서져라 문을 닫고 다시 밖으로 나가버리는 태연.
아들이 사라진 쪽을 망연히 바라보는 학성.

84.   학성의 집, 밤●

학성, 초점 잃은 눈동자로 문을 바라보며 손목이 붉어지도록 묵주를 튕기는데 줄이 끊어지며 차르륵! 사방으로 알이 흩어진다.

85.   학교 식당, 낮

식사하는 아이들 틈에서 지우, TV 뉴스를 본다.

앵커   수학계 최대 난제로 꼽혔던 리만 가설이 160년 만에 증명
       될 것 같다는 소식입니다. 스튜디오에 포스텍 수학과 석좌
       교수 오정남 교수님 모셨습니다.

코 옆에 큰 점이 있는 오 교수가 꾸벅 인사한다.

앵커   오 교수님, 일단 무슨 내용입니까? 리만 가설이란 게?
오 교수   쉽게 말해서⋯ 리만 제타 함수의 비자명한 근은 그 실수
       부가 모두 이분의 일이란 거죠.
앵커   (멍) 무슨⋯ 뜻입니까?
오 교수   소수는 아시죠?
앵커   2, 3, 5, 7, 9 이런 숫자들이죠?
오 교수   9는 아니죠. 3으로 나눠지니까.
앵커   (머쓱) 그러네요. 3⋯ 1과 자기 자신 말고는 나눠지지 않는
       수. 이게 소수니까요.
오 교수   그렇습니다. 리만 가설은 소수의 분포에 어떤 규칙이 있
       다. 그런 얘깁니다.
앵커   외신을 보면 증명한 사람이 북한의 수학자로 추정되고 있
       습니다. 이름이 리⋯ 학성?

국을 뜨다 말고 TV를 뚫어져라 쳐다보는 지우.

오 교수   그렇습니다. 이학성이라고 북한 분입니다.

지우, 벌떡 일어나 달려나간다.

86.   스튜디오, 낮°

앵커   처음엔… 러시아의 세계적인 수학자죠? 그리고리 페트로
          프가 증명한 걸로 알려졌죠?
오 교수   네. 그런데 페트로프가 루머를 부인하고 진짜 증명자가 누
          군지 밝힌 거죠.
앵커   요컨대 이학성이라는 북한의 무명 수학자가 리만 가설을
          증명했다?
오 교수   증명이 임박했다는 표현이 더 정확하겠죠. 학계에는 피어
          리뷰peer review라는 절차가 있습니다. 내가 증명한 내용을
          다른 학자들이 검증하는 건데요.
앵커   그렇군요. 얼마나 걸리나요?
오 교수   2년 정도 걸릴 겁니다.
앵커   상금도 있다면서요?
오 교수   증명이 최종 확인되면 클레이 재단에서 상금 100만 불이
          나옵니다.
앵커   그렇군요.
오 교수   참고로 이 이학성이란 분, 제가 어렸을 때 뵌 적이 있어요.
앵커   방송 전에 저희에게 사진을 주셨는데요.

화면에 빛바랜 사진. #33에 나왔던 유대계 노인과 두 소년. 나란히 선 세 사람 뒤로 현수막이 보인다. '23rd International Mathematics Olympiad/1982, Budapest, Hungary'.

오 교수   국제 수학 올림피아드에서 만났으니까… 벌써 40년이 다 됐네요.

앵커   아 그럼 요기 이 꼬마가… 이학성?

오 교수   그렇습니다. 당시 북한 대표였죠. 제가 남한 대표. 가운데 분은 헝가리의 수학자입니다. 저희 둘을 엡실론이라고 부르며 귀여워하셨죠. 선물로 만년필도 한 자루씩 주셨어요. (꺼내며) 이겁니다. 평생의 추억이고, 영광이죠. 그분 덕에 수학을 해야겠다는 힘을 얻었고…

오 교수의 장광설 잦아들며

87.   분리수거장, 낮

학성, 재활용품을 정리하는데 지우가 헉헉거리며 뛰어온다.

지우   맞죠? 리만 가설…

학성   무슨 소리네?

지우, 스마트폰으로 뉴스를 보여주며

지우   이학성… 아저씨 맞잖아요? 와! 장난 아니—,

하는데 지우를 붙잡는 학성.

학성   절대… 아무에게도, 아무것도 말하지 말라.
지우   네?
학성   리만 가설… 아무에게도 말하면 안 된다.
지우   왜요?
학성   어른이 말하면 그냥 들으라우! (사이) 부탁이다. 제발… 알
       갓니?

학성의 기세에 눌려 고개를 끄덕이는 지우.

88.   고급 오피스텔, 밤

문 앞에 붙은 '오일러 수학 연구소' 표찰을 뜯어내는 남자.
큼직한 가방에 표찰을 넣고 도망치듯 멀어지는 모습 위로
전화 속 담임의 음성.

(담임) 니 말 들었다가 패가망신하게 생겼어, 이 새끼야. (떨리는)
       이, 이거 들통나면 다 죽는 거야. 알아? (단호한) 일단 떠.
       하와이든, 발리든… 내가 연락할 때까지 꼼짝하지 마. 전
       화도, 메일도 절대 안 돼!

89.   학교 일각, 밤

인적 없는 쓰레기 소각장 인근. 담임이 태블릿 PC를 벽돌
로 사정없이 내리친다. 이마에 땀이 맺힌 담임, 이번엔 휴대
전화를 꺼낸다. 벽돌을 들어 내리치려는 순간, 벨이 울린다.
화들짝 놀라는 담임. 발신자, '프린시펄'.

90.   복도, 낮

교장실 문이 열리고 담임이 나온다. 벌겋게 상기된 담임,
꼭 쥔 주먹을 펴면 USB 메모리가 있다.

91.   상담실, 낮

USB가 꽂힌 노트북에 CCTV 영상이 재생된다. 손에 프린
트물을 든 지우, 전산실에서 나와 살금살금 걷는 장면에서
정지.

담임   그러니까, 코딩 동아리 부회장한테 전산실 비번을 알아냈
       고…

담임, 고개를 돌리면 구석에 서 있는 안경. 난처한 얼굴로
있다가 담임이 손짓하면 퇴장한다.

지우	시험지 아니에요. 논문이에요.
담임	뭐? 논문? 무슨 논문?
지우	수학… 논문이요.

담임, 격하게 마른세수를 한 뒤 떨리는 목소리로

담임	지우야. 쌤은 널 믿어. 성실하고 친구들한테 의리 있고. 근데 다른 사람들은? 이 영상을 보고 니 말을 믿겠니? 더군다나 이 학교 학부모들이?
지우	상관없어요. 전 훔치지 않았으니까…
담임	(버럭) 마! 왜 상관이 없어?

식은땀을 닦으며 목소리를 낮춰서

담임	시험지 유출. 이거 최소한 퇴학이야. 학생부에 빨간 줄 가는 거야!
지우	(답답) 저 아니라구요.
담임	너 지금까지 수학 평균 40점이었잖아. 그런데 이번에 70점이야. 9등급이 갑자기 상위 10%에 든 거. 이거 어떻게 설명할래?
지우	그건…
담임	어떻게 해도 네가 뒤집어쓰게 돼 있어요. 지금. 이해 가지? 무슨 말인지?

지우, 억울함에 기가 막혀 말이 안 나오는데

담임, 바짝 다가앉으며

담임   지우야. 이렇게 하자.

지우   (보면)

담임   전학 가는 거야. 그렇게 조용히 마무리 짓자. 교장 쌤하곤
       얘기 끝났어.

지우   하지만…

담임   아니, 아니! 쌤 말 끝까지 듣고! 전에도 말했지만. 너, 이
       일 아니어도 여기선 희망 없어. 그렇잖아? 그 내신으로 수
       시 넣을 거야? 아님, 혼자 공부해서 수능 볼래? 우리 지우,
       쌤이 제일 좋은 학교로 알아봐줄게. 알았지?

지우   선생님…

담임   응. 그래!

지우   저… 정말 훔치지 않았어요.

담임   안다니까! 쌤은 너 믿어! 정말로! 그런데 증거가, 상황이
       이 모양이잖아.

지우   그치만…

담임   (격하게) 너, 이거, 형법 314조 업무방해죄야. 징역 5년이
       야. 5년. 너! (더듬는) 가, 감옥 가고 싶어? 저, 전과자 될 거
       냐구?

지우   !

지우, 무심결에 손목을 더듬지만 묵주는 없다.
담임, 지우 앞에 서류를 내민다. '전학원'이다.

이상한 나라의 수학자

담임   지우야. 쌤이⋯ 도와줄게. 부탁한다. 제발. 응?

92.   보람의 집, 낮

       # 보람의 방
       보람이 카톡을 보다가 입술을 깨문다.

       '한지우 문제 유출, 실화냐?'
       '헐~!'
       '사배자 클라스 보소. ㅋㅋㅋ'

       # 거실
       보람 엄마, 걱정스러운 얼굴로 닫힌 방문을 바라보는데
       갑자기 우당탕하는 소리와 함께

(보람) 이게 무슨 개 같은 경우야!

93.   국정원 회의실, 낮°

       화면 가득 북한의 조선중앙TV. 한복을 입은 여성 진행자
       가 심각한 표정으로 원고를 읽는다.
       화면 하단에 자막 '조국평화통일위원회 대변인 성명'.

각본

진행자   얼마 전 리만 가설을 증명해 공화국의 위상을 드높인 공훈 수학자 리학성이 남조선 정보원에게 랍치된 것으로 드러났다. 이는 평화 체제를 구축해 나가기로 약속한 북남선언과 조미 공동성명에 찬물을 끼얹는 비열한 행위다. 남조선 당국은 리학성을 지체 없이 공화국에 돌려보내야 한다.

에서 영상 정지. 카메라 빠지면 국정원 로고를 배경으로 커다란 테이블에 앉아 있는 간부 한 명과 요원 1, 2의 모습이 드러난다.

간부   납치라니! 제 발로 넘어온 거잖아?

그때 들려오는 냉소적인 목소리.

(목소리)   제 발로 왔지. 학문과 사상의 자유를 찾아서.

멀찍이 테이블 끄트머리에 뻐딱하게 앉은 사내. 양복을 입은 안기철이다!

간부   뭐야? 말이 까칠까칠하다?

안기철   연구하겠다고 온 양반을 어떻게 만들었냐고, 우리가.

간부   암튼 니 나와바리에서 체크가 됐으니 다행이야.

요원 1   내일 미국 NSA에서도 요원이 온답니다.

간부   국가안보국? 개들이 왜?

요원 2   NSA가 정부, 민간 통틀어서 전 세계에서 수학자를 제일 많이 고용한 건 아시죠?

간부　내가 그걸 어떻게 알아?

요원 2　리만 가설이 암호 해독하고 관련이 있댑니다. 이게 자칫하면 군사 암호는 물론이고, 전자상거래 있잖아요. 인터넷 뱅킹, 쇼핑 이런 데까지 싹 다 털린대요.

간부　아주 불순한 놈이구만. 리만… 그 새끼.

안기철　어쩔 거야?

간부　어쩌긴? (정지 영상 가리키며) 팩트 체크는 해야 할 거 아냐? 제 발로 왔다고. (요원에게) 방송국 연락해서 한 꼭지 긴급 편성하라고 해. 거 촌스럽게 태극기 흔들고 만세 부르고 그런 거 말고, 좀 고상한 포맷으루다가…

안기철　지금 그 양반, 카메라 앞에서 설레발 떨고 그럴 상태 아니다. 그리구 지금 세상이 어떤 세상인데—,

간부　—기철아, 너 이 회사 짬밥이 몇 년이냐? 저쪽 대장이 우리 VIP랑, 미국 대통령 막 얼싸안고 그러니까 세상 다 변한 거 같어? 그게… 얼마나 갈 거 같어? 비핵화? 통일? 설마 그걸 믿는 건 아니지?

94.　과거: 국정원 중앙 합동 신문센터 •

창문 하나 없는 좁고 어두운 조사실. 학성과 마주 앉은 국정원 조사관이 가방을 뒤집어 내용물을 쏟는다. 고단한 탈북의 여정이 묻어나는 각국 지폐를 툭툭 던지며 조사관   중국, 베트남, 태국… (건성) 고생하셨네.

김일성대학 졸업증을 들어보이며

조사관   이거 요즘 얼마나 하나? 중국에서? 10만 원? 20만 원?

학성의 눈빛에 교차하는 굴욕과 분노.

CUT TO

며칠째 이어지는 조사.
수염발이 잡힌 학성, 피곤한 기색이 역력하다.

조사관   그러니까, 수학연구소에서 국방과학원으로 발령 내서 탈
             북을 결심했다? 이게 말이 되냐고. 더 좋은 직장 보내줬더
             니 조국을 배신하셨다?
학성   10년이 걸린 연구요. 꼭 마무리하고 싶었습네다.

미심쩍은 눈빛으로 서류를 뒤적이는 조사관.

조사관   뭐라 그랬죠? 분야가?
학성   정수론입네다.
조사관   일 이 삼 사 오… 그 정수요?
학성   정수의 성질을 연구하는 순수 수학입네—,
조사관   —너무 순수하시다. 여기두 돈 안 되는 건 꽝이에요, 꽝.
             북에서 소용없는 게, 여기라구 필요하겠냐구. 학술지에 논

문 한 편 못 올린 양반이 김일성대 졸업장 하나 달랑 들고
와서… 나 같음 거짓말로라도 미사일이든, 핵무기든 뭐
그런 거 했었다, 하겠네.

학성   그런 거 안 했습니다. 저는 정수론을 연구하려고…

조사관 솔직히 말해봐요. 뭔 사고를 치고 오신 거야? 사기? 폭행?

학성   몇 번을 말합네까? 수학 때문에…

테이블을 쾅 내리치는 조사관.

조사관 위성사진 보면 당신 집 대문 색깔까지 나와! 계속 이딴 식
으로 어림도 없는 소리만 할 거야? (얼굴 들이대며) 당신…
간첩 아냐?

CUT TO
원웨이 미러로 조사실이 들여다보이는 별실.
미간을 찌푸리고 지켜보던 안기철이 마이크를 잡는다.

안기철 됐다. 그만해라.

인이어를 만지작거리는 조사관, 심히 못마땅하다.

95.   학성의 집, 낮

학성, 눈을 감은 채 벽에 기대앉았는데 초인종이 울린다.

조심스레 문을 열면 박필주가 이를 드러내며 활짝 웃는다.

96.　고깃집, 낮

고급스러운 한우 전문점. 박필주가 주문한다.

박필주　여기 삼인분 같은 이인분!
학성　어케 알고…
박필주　(눙치며) 물어물어 찾았지요.

뻘건 생등심이 불판 위에서 지글거린다. 핏물이 뚝뚝 듣는 생등심을 가위로 잘라 학성에게 건네는 박필주.

박필주　소고기는 핏물이 좀 뺐을 때 먹어야 좋습네다.

고기에 손도 대지 않는 학성과 달리 먹음직하게 쌈을 싸서 입에 넣는 박필주. 물수건으로 야무지게 입을 닦더니 속삭이듯 말한다.

박필주　선배님. 돌아가시죠, 공화국으루.
학성　!!!
박필주　믿을 만한 선에서 나온 제안입네다. 인민과학자 대접해준답니다. 대동강변에 미래과학자거리 아시죠? 거게 은하 빌딩 꼭대기 층도 내준답니다. 여게 말루 펜트하우스라요.

펜트하우스. 돌아가셔서 원하시는 거 마음껏 연구하시라
요. 이게 무슨 꼴이란 말임까?

박필주, 소주 한 잔 털어 넣고

박필주   남조선 사람들… 어디 우릴 사람 취급이나 합네까? 여게
서 우린 2등 국민… 아니, 불가촉천민이라요. 저는요, 통
일 같은 거 안 되는 편이 낫다고 봅네다. 고향 사람들 다 우
리처럼 차별받을 거 생각하믄 말입네다. 안 그렇습네까?

학성에게 얼굴을 바싹 들이밀며

박필주   툭 터놓고 말씀드리지요. 선배님 모시구 가면 저도 용서해
주겠답니다… 돌아가시자요.
학성   못 들은 거로 하갓소.
박필주   그러지 말구 잘 생각해보시라요. 올라가서리 여게서 당한
것들 시원하게 까발리시라요. 아드님 일도…

박필주를 무섭게 노려보는 학성.

박필주   얼마 전에 들었습다. 얼마나 속이 상하셨…

학성, 박차고 일어서는데 학성의 팔을 꽉 쥐는 박필주.

박필주   선배님. 좋게 나올 때 가시자요. 보위부에서 설치기 시작

각본

하믄… 무슨 일이 벌어질지 누가 알갓습네까?

97.   운동장, 낮 •

스탠드에 앉아 '전학원'을 뚫어져라 바라보는 지우.
뭔가 결심한 듯 벌떡 일어서 달린다.

98.   학성의 집 안팎, 낮

가방에 짐을 꾸리는 학성.
면목 없는 얼굴로 지켜보던 안기철, 조심스레 운을 뗀다.

안기철   그동안 죄송했습니다. 기회가 되면 말씀드리려고 했는
          데… 우리 회사 일이 워낙… 감시라기보다는 지원이나
          보호 차원에서 이해해주시면…
학성   지원? 보호?

말문이 막힌 안기철, 대답 대신 두툼한 서류 봉투를 연다.
불에 그을린 문서, 리만 가설 증명 초고다. 학성의 눈썹이
꿈틀한다.

안기철   제가 챙겨뒀어요. 3년 전 그때, 이 귀한 걸 다 태우시려구…
학성   (외면하며) 이젠 아무 의미 없소.

안기철	그래도 필생의 연군데…
학성	(싸늘) 필요 없소.

CUT TO

복도. 지우, 가쁜 숨을 내쉬며 초인종 버튼을 누르려는데

(학성) 이거 때문에 우리 태연이가 죽었단 말이오!

멈칫하며 쪽창으로 넘겨다보는 지우.

CUT TO

거실. 초고가 흩어져 있다.

학성	자식 잡아먹은 아비한테 방송에 나가 광대 짓을 하란 거요?
안기철	형님… 늦었지만 저희가 대학에 자리도 마련해드리고…
학성	필요 없다니까!
안기철	산 사람은 살아야죠. 형님.
학성	산 사람? 태연이 죽던 날… 그날 나도 죽은 거요. 수학자 리학성은 이미 3년 전에 죽은 사람이오. 그렇게 발표해도 좋소.

학성, 다시 짐을 꾸린다.

안기철	이런다구 해결될 일이 아니잖아요. 우리 회사, 저쪽으로 치면 보위부예요. 보위부. 아시잖아요?

학성   당장 나가라우!

99.   복도, 낮

          문을 나서던 안기철, 지우를 보고는

안기철   들어가봐. 또 보자.

100.   학성의 집, 낮

          지우, 쭈뼛거리는데

학성   왜 왔네?
지우   어디… 가시나 봐요?
학성   니가 신경 쓸 일 아니다.
지우   언제 와요?

          학성, 말없이 청거북이 든 플라스틱 통을 챙긴다.

지우   아주 가는 거예요? 올 거죠? 다시?
학성   일없다.
지우   그럼 수학 공부는…?
학성   돈 한 푼 안 들이고 점수 올랐으면 된 거 아니네?

지우, 조심스럽게 묻는다.

지우   TV… 출연 땜에 그래요?

학성, 사납게 지우를 노려본다.

지우   아니, 다 들려서… 저는…
학성   (싸늘하게) 용건 없으면 가보라.
지우   꼭 용건이 있어야 오는 건 아니잖―,
학성   ―내가 너 심심할 때 놀아주는 사람이니?
지우   왜 화를 내요?

학성, 저주하듯 혼잣말로

학성   단물만 빨아먹는 인간들…
지우   지금 그거…? 나 그거밖에 안 되는 거였어요? 아저씨한
         테?
학성   너도, 나도 제 갈 길 찾으면 그만이다.
지우   아저씨야말로 자기 연민 쩌는 거 아냐? 불행이 더 편한 거
         아니냐구?

가방을 든 학성, 지우를 외면하고 현관을 나선다.

101.   복도, 낮

따라 나온 지우, 이글이글 학성의 뒷모습을 노려보다가

지우   이럴 거면 처음부터 깠어야지!

멈추는 학성.

지우   공부는 왜 하자고 했냐고? 나 까이고 무시당하는 거 잘 참
아! 근데 이게 뭐야? 실컷 친한 척하다가!

다시 걷는 학성.

지우   증명하래매? 전학 가지 말래매? 그래 놓구 혼자 가버리
면…!

복도 끝으로 사라지는 학성.

지우   (맥빠진) 난 어떡하냐구…

102.   기숙사, 밤•

점호 시간. 의준, 한복 선생에게 고개를 젓는다.
보면, 지우의 침대가 비어 있다.

103.   차이나타운, 밤

허름한 입성의 다국적 유흥객들이 북적이는 차이나타운.
거리에 울리는 크리스마스캐럴이 중국어 간판과 묘한 위
화감을 불러일으킨다.
힘없이 걷는 지우. 전화가 울린다. '보람'이다.

(보람)   시험지, 니가 훔쳤어?
지우   …

104.   보람의 방, 밤

보람이 방 안을 서성이며 통화한다.

보람   아니잖아! 왜 또 뒤집어쓰는데? 아저씨가 말해주면 되잖
          아. 논문 뽑았다고.
(지우)   됐어. 다 끝났어.
보람   이 바보 똥개야! 도대체…?

하는데 "뚜…" 소리 들린다.

보람   여보세요? 한지우! 야!

각본

105.   체육공원, 밤•

농구대 앞에 쭈그려 앉은 지우. 입가에 설핏 미소. 딸봉이
껄렁한 걸음으로 다가온다.

106.   노래방, 밤•

비닐봉지로 감싼 소주병을 드르륵 따던 딸봉, 눈이 똥그래
지며 문득 멈춘다.

딸봉   뭐? 너, 설마 그 리만 선생한테 말도 안 꺼낸 거야?
지우   (끄덕)
딸봉   당장 가자. 가서—,
지우   —됐다고.
딸봉   되긴 뭐가 돼?
지우   비밀로 하기로 한 건데—,
딸봉   —미친놈아! 지금 그게 중요해?
지우   끝났어. 가버렸어.
딸봉   가다니? 왜? 어디루?
지우   (버럭) 그걸 어떻게 알아?

CUT TO
잔뜩 취한 지우, 테이블에 엎드려 중얼거린다.

지우	딸봉아. 나… 니네 학교 (끅) 전학 갈까?
딸봉	오기만 와. 존나 왕따시킬 거야. 꿈도 꾸지 마, 븅신아.
지우	아무래도… (끅) 여긴 사치야. 나한텐.
딸봉	아어 씨바… 전쟁 안 나냐?

곯아떨어진 지우. 딱하다는 듯 보던 딸봉이 슬그머니 지우의 폰을 집어 든다. 지우의 엄지를 가져다 잠금을 푼다.

107.   버스 터미널, 밤°

학성, 여행 가방을 어깨에 메고 멍하니 걷는데 "삐이~"고주파 환청이 들리더니 대합실 사람들이 소수素數로 말하기 시작한다. 호객하며 "오천이십일! 오천이십일!" 하는 매표 보조원. 통화하다가 "구십칠? 만 육십구~" 하며 까르르 웃는 소녀. 행인에게 손짓으로 길을 알려주며 "백만 천 사십일" 하는 노인. 신문을 사며 "십이만 팔천삼백사십일" 하는 청년. 환청의 소용돌이에 비틀거리는 학성, 덩치 큰 사내와 부딪치는데

| 덩치 | (태연의 목소리로) 내가 언제 데려와 달라고 했습까? 그 잘 난 수학 하자고 날 끌고 온 거 아닙까? |

불에 덴 듯 뒷걸음치는 학성. 그 바람에 젊은 여성과 부딪힌다. 잔뜩 찌푸리는 젊은 여성. 역시 태연의 목소리로

| 여성 | 닭 모가지 비틀고, 공사판에서 삽질하니까 아주 살맛이 납네까? |

학성의 귓가에 가시 돋친 태연의 말들이 쟁쟁거린다. 무너지듯 주저앉는 학성. 품에 안은 플라스틱 통에서 청거북이 꼬물거린다.

108. 몽타주: 아들의 비극°

수족관, 낮
꼬물거리는 청거북을 학성에게 들어 보이는 태연.

| 태연 | 통일되면 대동강에 가서 풀어줄 거란 말임다. |

편의점, 낮
딸기우유를 꺼내며 배시시 웃는 태연.

| 태연 | 이게 젤루 맛있습다. 만날 하나씩 마시면 좋겠습다. |

경찰서 현관, 밤
비가 추적추적 내리는 경찰서 앞. 형사에게 연신 허리를 숙이는 학성. 그런 아버지가 못마땅한 태연, 붙잡는 학성을 뿌리치고 혼자 가버린다.

강변, 밤

비 내리는 강변을 달리는 소년의 실루엣. 주변을 살피다 강으로 뛰어든다. 허리까지 차오른 강물을 허위허위 헤치는 소년. 탐조등이 자신을 포착하자 돌아보는데, 겁에 질린 태연이다. 타타탕! 총성 잦아들며

(앵커)   임진강에서 월북을 시도하던 십 대 소년이 우리 군 초병이 쏜 총에 맞아 숨졌습니다. 군은 수차례 경고 방송에도 도강을 멈추지 않았던 만큼 사격은 수칙에 따른 불가피한 조치였다고…

109.   버스 터미널, 밤 ●

대합실 한구석에 주저앉은 채로 끅끅 처연한 울음을 삼키는 학성. 곁을 지나는 행인들 누구도 그에게 눈길을 주지 않는다.

110.   고물상, 밤 ●

큰 잔에 소주가 채워진다. 그 위로 고운 분홍빛 액체가 섞인다. 딸기우유다. 낡은 소파에 홀로 앉은 안기철. 착잡한 얼굴로 잔을 휘휘 돌려 '쏘딸'을 원샷한다.

111.   지우의 집, 밤

잠든 엄마를 보다가… 이불을 여며주는 지우. 무릎걸음으로 화장대에 다가가 엄마의 도장을 꺼낸다. 구깃한 '전학원'에 붉은 도장이 찍힌다.
주방 겸 거실에 이불을 깔고 누운 지우. 윗집 TV 소리며, 부부싸움 소리가 들려온다. 모로 눕는 지우. 굵은 눈물이 베개를 적신다.

112.   여관, 밤 ●

허름한 방. 창밖 싸구려 네온사인 빛이 요란하다.
해쓱해진 학성, 결심한 듯 수면제 병을 집어 드는데 스마트폰이 울린다.

113.   지우의 동네, 밤 ●

딸봉이 씩씩거리며 통화한다.

딸봉   내가 이 번호 따려고 그 새끼한테 술을 얼마나 먹였는지 알아요? (사이) 끊지 마요! 이 미련한 새끼가 당신하고 약속 지킨다고 선생한테 입 꾹 다물고… 아저씬 모를 거야. 이 동네에서 그 학교 간다는 게 어떤 건지… 우리 중학교

에 플래카드까지 붙었다구. 정말 힘들게 버티구 있었거든
요? 그 새끼? 근데 지금 쫓겨나게 됐단 말이야! 그것두 도
둑놈으로 몰려서! 아저씨도 알잖아. 그 착해빠진 새끼가
도둑질이라니? 됐고! 아저씨 때매 이렇게 된 거야. 그러니
까… 책임져. 만약에! 저 새끼 학교 관두면 나두 이판사판
이야. 선생이고, 아저씨고…

흥분하여 되는 대로 지껄이던 딸봉, 멈칫하더니

딸봉   죄, 죄송해요… 근데… (울먹) 도와주세요. 제발. 부탁이
에요.

114.   여관, 밤

조용히 폰을 내려놓는 학성. 착잡하다.

115.   강당, 낮

단상을 꾸미는 인부들. 현수막이 올라간다.
'제17회 동훈고등학교 피타고라스 어워드 시상식.'

116.   교무실, 낮

        담임, 초조한 듯 다리를 떨며 입술을 씹는데

(교장)   오 교수님이랑 해서 브이아이피들…

        화들짝 놀라며 일어서는 담임.

교장   깜짝이야. 외빈들 참석 컨펌했죠?
담임   아, 네. 네.

        하는데 지우가 들어와 흰 봉투를 내민다. '전학원'이다.
        담임, 지우의 손을 꼭 잡고

담임   잘 생각했어.
지우   …
담임   나머진 쌤이 알아서 처리할 테니까…

        지우, 꾸벅 인사하면

담임   그래…

117.   보람의 방, 낮 •

쟁반을 든 보람 엄마가 들어와 침대에 앉는다.

보람 모   보람아. 이거 좀 먹자. 벌써 며칠째니. 응?

이불을 젖히면 베개만 덩그러니 놓여 있다.

118.   교문, 낮

캐리어를 끌고 운동장을 가로지르는 지우의 모습 위로 방
송이 나온다.

(담임)   잠시 후, 열한 시부터 제17회 피타고라스 어워드 시상식이
개최되오니 1학년 학생 여러분은 강당으로 모여주시기 바
랍니다. 다시 한번 말씀드립니다…

지우, 만감이 교차하는 듯 학교를 돌아본 뒤, 교문을 나서는
데 택시가 서더니 보람이 내린다. 다짜고짜 지우의 손을 끌
고 학교로 들어가려는 보람. 지우가 거칠게 손을 뿌리친다.

보람   들어가. 왜 니가 나가?
지우   그만해.

지우, 돌아서는데 보람이 지우의 캐리어를 낚아채 학교 안
으로 달아난다.

지우   야!

119.   강당 안팎, 낮

삼삼오오 모여 수다를 떠는 학생들.
두리번거리던 지우가 멀찍이 보람을 발견하는데

담임   자, 조용! 다들 착석해주세요. 시상식을 시작하겠습니다.

          부산하게 자리를 잡는 학생들. 엉겁결에 섞여 앉는 지우.

120.   스튜디오, 낮

의자 두 개가 놓인 무대.
스태프가 방송 준비를 하고 있다.

'특별 대담, 수학과 인생
탈북 수학자 이학성 박사를 만나다'

무대 아래, 국정원 간부가 스마트폰으로 통화 중이다.

간부   기철아, 이쪽은 세팅 끝났다. 늦지 않게 모셔 와라.

121.   안기철의 차 안, 낮

말없이 전화를 끊는 안기철. 내비게이션 화면에 학성의 위
치를 알리는 빨간 삼각형이 점멸한다. "부웅~" 가속 페달
을 밟는 안기철, 속도계가 100km/h를 넘어선다.

122.   임진강 일각, 낮

잔물결이 밀려오는 백사장을 잘박잘박 기어가는 청거북,
마침내 입수하여 사라진다. 뒤에는 덩그러니 빈 플라스틱
통뿐, 학성은 보이지 않는다.

123.   강당, 낮°

단상에는 교장, 점박이 오 교수를 비롯한 외빈들.
담임, 마이크를 잡고

담임   여러분! 올해 우리 피타고라스 어워드의 심사를 맡아주신
포스텍 수학과 석좌교수시죠? 오정남 교수님을 소개해드
립니다.

박수와 함께 연단에 선 오 교수.

오 교수   초롱초롱한 우리 학생들의 눈빛을 마주하니 제가 다 젊어
지는 기분입니다. 우선 수학계의 최대 관심사, 리만 가설
에 대해 한 말씀 하지 않을 수 없네요. 전 세계 내로라하는
수학자들이 160년을 매달렸지만, 풀지 못한 난제였죠. 수
학자들 사이엔 리만 가설을 증명하면 영생을 얻게 된다는
농담이 있을 정도니까⋯ 여러분들 말로, 수학 역사상 최
대의 '떡밥'이었던 거죠.

청중   (웃음)

오 교수   머지않아 리만의 '가설'을 드디어 리만의 '정리'로 만들어
영원한 진리의 전당에 올릴 분은 바로⋯

하는데 강당 문이 열리고 한 남자가 들어선다. 깔끔한 양
복 차림에 서류 가방을 들고, 희끗한 머리를 잘 빗어 넘긴
학자의 풍모. 학성이다!

오 교수   (살짝 당황한) 북한의⋯ 수학자로 밝혀졌는데요.

통로를 따라 무대로 향하는 학성. 지우 놀라고, 아이들 수
군댄다. 물결처럼 퍼지는 "인민군⋯ 인민군" 소리. 담임,
일어선다.

오 교수   북한의 수학자⋯ 이학성이란 분인데⋯

단상 앞. 우뚝 서는 학성. 담임, 나서서 학성을 제지한다.

담임 최 선생님, 뭐해요? 여기서. 얼른 비켜요.

오 교수 어린 시절, 그분을 만난 적이 있는 저로서는…

갑자기 말을 잇지 못하는 오 교수.
만년필을 들어 오 교수에게 보이는 학성.

오 교수 설마… (단상에서 내려오며) 학성! 이학성!

우르르 의자 움직이는 소리. 아이들, 반쯤 일어나 너도나
도 고개를 내밀고. 악수를 하는 두 수학자.
학성을 제지하던 담임, 난감하다.

CUT TO

오 교수가 학성을 데리고 연단으로 나온다.

오 교수 여러분! 이분이 바로 그분! 이학성 선생이십니다. 이렇게
다시 만나게 될 줄은… (울먹) 아… 이거 눈물이 다 나네
요. 예정엔 없었지만, 오늘 세계적인 수학자, 이 선생께 특
강을 청해볼까 합니다.

박수 소리 잦아들며 조용해진 강당.
학성, 가방에서 서류를 꺼내 연대에 올리고 물을 한 모금
마신다. 연대 곁에 놓인 화이트보드에 판서하는 학성.

$$1+2+3+4+5\cdots = -\frac{1}{12}$$

학성   자연수를 모두 더하면 마이너스 12분의 1이 나온다…

웅성거리는 아이들.

학성   어림도 없는 이 식은… 인도의 수학자 라마누잔이 만들었지요. 그리고 이건…

판서하는 학성.

$$\zeta(s) = \sum_{n=1}^{\infty} \frac{1}{n^s}$$

학성   거기 보라우! 받아쓰지 말라요. 시험에 안 나옵네다.

청중   (웃음)

학성   리만의 제타 함수… 여게 s에 마이너스 1을 넣으면, 진짜로 마이너스 12분의 1이 나옵네다. 이걸 보여줄 놀라운 방법이 있는데… 칠판 여백이 너무 좁구만요.[8]

---

8 '페르마의 마지막 정리'와 관련된 수학자들의 조크. 페르마는 책의 여백에 수식 한 줄을 적어놓고, "나는 이에 대한 실로 놀라운 증명법을 발견했다. 하지만 그걸 여기에 적기엔 책의 여백이 너무 부족하다"는 메모를 남겼다. 이 수식은 그로부터 350년이 지난 1995년에 증명됐으며, 그 논문은 100페이지도 넘는다.

피식 웃는 지우.

오 교수, 배꼽을 잡으며 오버하다가 머쓱해진다.

학성 라마누잔의 식은 이렇게 리만 가설로 이어지고, 더 나아가
면 양자역학이라든가 초끈 이론에서 활용할 수 있습니다.
이 괴상한 식이 그저 숫자놀음이 아니라 물리 법칙까지 설
명해버리는 희한한 상황… 이걸 우리 수학자들은 '해석적
확장'이라고 합네다만… 이 멋진 상황에 붙인 이름 좀 보
시라요. 고작 해석적 확장이라니… (절레절레) 수학자들이
란…

환하게 웃는 아이들.

학성 저는 이걸 자유라 부르고 싶습네다. 모든 양수를 더했는데
음수가 나온다고 상상할 수 있는 자유! 수학은 찔러도 피
한 방울 안 나올 것 같고, 보기만 해도 지루한 얼굴을 하고
있지요. 그러나 수학의 가슴에 뛰고 있는 건… 바로 자유
입네다.

물을 마시고 숨을 고르는 학성.

학성 그 자유를 찾아 국경을 넘었습니다. 설렜지요. 그러나…
북에 없는 자유가 여기라고 해서 거저 주어지진 않더군요.
많은 일을… 겪었고…

목이 멘다.

학성   수학도, 인생도 끝났다고 여겼습니다.

고개 들며

학성   이곳 동훈고등학교에서 한 친구를 만나기 전까지는 말입
니다.

"응?" 술렁이는 아이들.

학성   늪에 빠진 저에게 손을 내밀어준 그 친구는…
(지우 가리키며) 저기… 1학년 2반, 한지우 군입니다.

일제히 지우를 돌아보는 아이들.

학성   그런데 제 친구가 딱한 처지에 몰렸다고 들었습네다. 한밤
중에 몰래 전산실에 들어갔다가 오해를 샀다고 하더만요.
담임   !

학성, 연대에 펼친 서류를 들어 보이며

학성   지우가 그날 밤 전산실에서 출력한 건 이 논문입네다. 수
학 논문이지요. 저한테 주려고 ―,

어느새 담임, 튀어나와서

담임   ─저기요! 그건 학교에서 알아서 처리합니다. 아시겠어
        요?
학성   모르갓소.

담임, 할 말을 잃는데

학성   지우가 누명을 쓰고도 이런 사정을 밝히지 못한 건, 나에
        대해 누구에게도 말하지 않기로 한 약속 때문이었습니다.
        그러니까… 저 어린 친구가 누명을 써가면서까지 날 지킨
        겁네다.

지우, 쏟아지는 시선이 부담스러운데

학성   늦었지만, 이제 제 차례인 것 같습네다. 양심과 명예를 걸고
        말씀드립니다. 한지우 군은 시험지를 훔치지 않았습네다.
담임   그만하세요! 양심, 명예 이런 건 증거가 안 돼요. 그러니
        까…
(보람)   내가 봤어요!

보람이 일어나 외친다.

보람   학원에서 봤어요. 시험에 나올 문제, 미리 봤다구요!

각본

시간이 멎은 듯 조용해진 장내.
수백의 눈빛이 하얗게 질린 담임에게 향한다.

담임　　(슬슬 뒷걸음치며) 이, 이게 지금… 뭐하자는… 됐고! 마음
　　　　대로들 떠드쇼. 난 더 듣고 싶지 않으니까.

달아나듯 퇴장하는 담임의 궁색한 뒷모습.
사태를 짐작한 모두, 벌어진 입을 다물지 못하는데

학성　　기럼… 달리 반증이 없으니까… 이만 마치갔습네다.

무심하게 서류를 정리해 연대를 물러나는 학성.
그제야 둑이 터지듯 장내는 왁자해진다.

교장　　자, 자, 이 일은 조사위원회를 꾸려서… 조용, 조용! 진실
　　　　을 투명하게… 주목! 애들아~ 쌤 애기하잖니? 애, 애들
　　　　아, 조용! 조용…

소란 속에 무대에서 내려온 학성, 지우와 마주선다.

지우　　고마워요.

대답 대신 주먹을 내미는 학성.
지우가 환하게 웃으며 주먹을 부딪는다.
주변에 몰려든 아이들의 폰에서 플래시가 작열한다.

124.   강당 앞, 해 질 녘 •

학성과 지우, 강당을 나서는데 검정 세단 곁에 서 있던
안기철이 인사를 하며 차 문을 연다.

지우   (막아서며) 가지 말아요.
학성   괜찮다. 걱정 말라.

125.   안기철의 차 안, 해 질 녘

조수석의 학성, 담담하게

학성   늦지 않았소?
안기철   저기… 폰 좀 줘봐요. 접때 드린 거.

전화기를 받더니 운전석 창밖으로 휙 던져버리는 안기철,
품에서 봉투를 꺼내 학성에게 건넨다.

안기철   열어보슈.

봉투에서 여권과 루프트한자 비행기 표, 유로화 약간이 나
온다.

학성   이게…?

| 안기철 | 대한민국 국민한테는 거주, 이전, 여행의 자유가 있어요. 헌법이 보장하는 겁니다. 기분 꿀꿀할 때는 기내식 좀 먹어주고, 콧구멍에 바람 넣는 것만 한 게 없수. 대신 영 안 들어올 생각일랑 마슈. 그땐 아주 진짜 납치해버릴 테니까. |

학성, 가만히 안기철을 보는데

안기철	정석을 벗어나야 다음 수가 보인다면서요? 한번 해봤어요. 명색이 새터민 지원본부 지부장인데, 이 정도 못 해드리겠수?
학성	괜찮겠소?
안기철	어차피 애들이 폰으로 다 찍었어. 텔레비전 안 나와도 인스타, 유튜브 다 도배했을 거예요.

뭉클해진 학성, 대답할 말을 찾지 못하는데

| 안기철 | 걱정 마슈. 윗동네처럼 총살당할 일은 없을 테니까. 기껏해야 잘리겠지, 뭐. 잘 됐어. 이참에 고물상을 계속하든가 아님… 전공 살려서 흥신소를 차리든가… |
| 학성 | 고맙소. |

126. 아지트 안팎, 낮

칙칙한 과학관 담쟁이에 파릇한 새순이 돋는다.

이상한 나라의 수학자

아지트에서 홀로 바흐를 들으며 연필을 깎는 지우.
기척에 고개를 들면, 안기철이다.

지우   (어정쩡하게 일어나며) 어…? 아저씨는요?
안기철 은둔의 수학자 났지 뭐. 폭~ 파묻혀서 잘~ 지내신다.

안기철, 지우에게 납작한 상자를 건넨다.

지우   ?
안기철 선물!

127.   운동장, 해 질 녘

스탠드에 나란히 앉은 지우와 보람. 상자를 열면, 만년필
한 자루와 귀퉁이에 불탄 자국이 남은 서류 뭉치.

보람   만년필은 알겠고, 이건 뭐야?
지우   리만 가설 증명한 거, 초고래.
보람   (받아 들며) 우와! 소장 가치 쩔어! 반땡?
지우   (도로 뺏으며) 꺼져라.

만년필을 입에 물고 몸을 젖혀 노을 진 하늘을 바라보는
지우. 눈가가 촉촉하다. 딸기우유 두 개를 꺼내는 보람. 건
배하는 둘.

                각본

128.   에필로그, 낮

독일 바이에른의 아름다운 설경 위로 자막 '3년 후'.
시골길을 달리는 미니버스. 앞쪽에 앉은 점박이 오 교수가
상체를 길게 내밀고 설명을 한다.

오 교수   전 세계 어딜 가도 이렇게 산골짝에 있는 연구소가 없다는
거지. 2차 대전 때 독일 수학자들이 숨어서 연구하던 곳이
거든. 여러분들, 학부생 신분으로 이 전설의 연구소에 머
문다는 건 아닌 말로, 진짜 영광인 줄 알아야 해요. 그리구
이게 다 한지우 덕분인 것도. 응?

학생들, 모두 좌석에서 고개를 빼고 뒤를 보며 손뼉을 친
다. 수줍게 꾸벅하는 청년, 대학생이 된 지우다.

오 교수   우리 수학자들에겐 마음의 고향 같은 곳이지.

기대에 찬 눈으로 차창을 내다보는 지우. 이정표 'Mathe-
matisches Forschungsinstitut Oberwolfach'[9]를 지나 모퉁
이를 돌면 울창한 숲에 둘러싸인 연구소의 전경이 드러
난다.

---

9 독일 바이에른 지방의 숲속 마을 오버볼파흐에 있는 연구소. 상근 연구자는 없고, 1년 내내 수학
관련 학회 장소로만 사용된다. 여러 나라 수학자들이 함께 먹고 자고 강연하고 토의하며 수학에만
몰두할 수 있는 곳. 저녁 때는 맥주를 마시며 수학 이야기로 밤을 지새우기도 한다.

CUT TO

사방이 통창으로 둘러싸인 아름다운 도서관. 스탠드 불빛 아래 연필로 사각사각 수식을 써 내려가는 은발 사내의 뒷모습.

(지우) 엔슐디궁!Entschuldigung!(실례합니다!)

돌아보는 은발 사내. 안경을 내려쓴 학성이다. 그의 눈가, 실룩이고

학성 간나 새끼…

달려가 학성을 끌어안는 지우.

CUT TO

반딧불이가 날아다니는 밤.
학성과 지우가 칠판에 수식을 써가며 열띤 토론을 벌인다.
창문 너머로 보이는 둘의 정겨운 모습에서

— Q. E. D —

초고

2015년 10월에 썼던 초고다.
등장인물의 이름만 같을 뿐, 캐릭터와 줄거리는 각본과 많이 다르다.

1.   아파트 경비실, 밤

창백한 형광등 불빛. 낡은 카세트에서 바흐의 무반주 첼로
곡 〈BWV 1007〉이 흐른다. 구부정하게 앉은 경비 제복의
리학성(70대). 커터 날을 드르륵, 밀어 연필을 깎는다. 치
킨 전단지 뒷면에 뭔가를 써 내려간다.

2.   차 안, 밤

강한 비트의 갱스터 랩이 흐른다. 조수석의 지우(고등학생)
가 이어폰을 꽂고 있다. 운전석의 엄마가 말하지만 음악에

가려 입 모양만 보인다.

3.　　　아파트 경비실, 밤

갑자기 멎는 카세트. 탁탁, 때리면 다시 음악이 흐른다.
다시 필기에 몰두하는 학성.

4.　　　차 안, 밤

신호 대기 중인 차량. 엄마가 "지우야, 지우야" 부르지만,
입 모양뿐이다. 지우의 이어폰을 신경질적으로 뽑는 엄마.
갱스터 랩이 멈춘다.

지우　　(내뱉다가 흠칫하는) 왓 떠 ㅍWhat the f…
엄마　　(기가 막힌) 미국서 안 나오던 영어가 한국 오니까 막 터져?
　　　　너 한 글자만 더 나왔으면… (체념하듯) 좌우간, 니가 못 버
　　　　텨서 다시 온 거니까…

신호 바뀌고, 뒤차들이 '빵빵' 재촉한다.

5.   아파트 경비실, 밤

학성, 전단지 하단에 Q. E. D.라고 쓰는데 클랙슨 소리.
보면, 차단기 앞에 지우 엄마의 차가 서 있다.

6.   경비실 앞, 밤

차량 번호를 메모하고 차단기를 열어주는 학성. 이어폰
을 꽂고 머리를 끄덕이며 리듬을 타는 조수석의 지우가
보인다.

엄마   이사 온 지 얼마 안 돼서 아직 차량 등록을 못 했어요.
수고하세요.

7.   경비실 안, 밤

들어와 앉으며 '휴우' 긴 한숨을 내뱉는 학성. 주머니에서
부스럭 꺼내면, '취침 전前'이란 고무인이 찍힌 약봉지들.
한 알씩 포장된 봉지를 뜯어 유리병에 알약을 담는다. 병
이 거의 찼다. 다시 클랙슨 소리. 메모하던 전단지 위에 유
리병을 올려두고 나간다. 보면, 빽빽한 수식 말미에

$$\therefore \quad e^{\pi i} + 1 = 0$$

Q. E. D.

라고 적혀 있다.

타이틀 **이상한 나라의
수학자**

8.   지우네 안팎, 밤

창밖에서 보이는 거실 풍경. 벽 한 면에 빼곡한 각종 고전
과 1980년대 사회과학 서적들. 아빠와 엄마가 TV를 켜놓
은 채 각자 폰을 보고 있다.

CUT TO

거실. 러닝셔츠 차림의 지우가 욕실에서 나와 머리를 털며
자기 방으로 향한다.

아빠   잠깐 이리 와봐.

지우가 불퉁하게 아빠 앞에 앉는다.

아빠   일부러 한 학년 낮췄어. 수업 따라가기엔 일 학년이 쉬울 거
     다. 대안학교니까, 아무래도 편할 거야. 일반 학교보다는.

엄마   그래, 지우야. 아빠가 이번에 고생 많이 했어. 결원 하나 난
     걸 아빠가 선후배 연줄 총동원해서 간신히 잡은 거야. 그

학교 꽤 유명한 학교다?

고개를 숙인 채 묵묵히 부모의 말을 듣는 지우.
테이블 아래를 보면 검지로 무릎을 파낼 듯이 긁는다.

아빠	니 소원대로 집에 왔으니까, 이번엔 니가 내 말 들을 차례 야. 맘 잡고 딱 이 년만 제대로 해봐.
엄마	그래, 딱 이 년만. 학원도 끊어놨어. 기초 수학으론 제일 잘 나가는 강사야. 빼먹지 말고―,
아빠	너 듣고 있어?
지우	(무성의하게) 네.
아빠	엄마 아빠가 얘길 하면 눈도 맞추고, 니 얘기도 하고 그래 야지… (버럭) 고개 안 들어?

무릎을 긁다가 멈추는 지우의 손가락.
고개를 들면 적의가 이글거리는 눈초리다.

아빠	뭐야? 불만 있어?
엄마	(말리며) 지우 아빠!
아빠	아니, 당신은 가만있어. (지우에게) 말을 해봐. 뭐가 불만이 야?
지우	…
아빠	니가 왜, 무슨 불만이 있는 거야? 남들 못 가서 안달이 난 미국 유학 보내줘. 귀국하겠다니 귀국시켜줘. 수업 따라가 기 힘들까 봐 대안 학교, 그것도 빽 써가며 넣어줘. 한 달에

백만 원짜리 학원 끊어줘. 뭐가 더 필요해? 말해봐!

지우   (퉁명스럽게) 없어요, 필요한 거.

아빠   너 그 말투는 뭐야? 내가 조곤조곤 얘기하니까, 기분이 좋아서 그러는 줄 알아? 너 미국 보낸다고 깨진 돈이 얼만 줄 알아? 사내자식이 일 년도 못 버티고 칭얼칭얼… 그거 그냥 다 받아주니까, 내가 물로 보여?

엄마   (지우에게) 잘못했습니다, 해. 얼른!

지우   (귀찮다는 듯) 잘못했습니다.

아빠   너 지금 한번 해보자는 거야?

엄마   잘못했다잖아.

아빠   저게 잘못했다는 놈 태도야?

엄마   (지우에게) 들어가, 얼른. 옷 입어.

지우, 벌떡 일어나 자기 방으로 향하는데

아빠   어딜 들어가? 일루 안 와?

멈추는 지우. 엄마가 아빠를 말린다.
방향을 틀어 현관으로 나가버리는 지우.

아빠   너, 거기 안 서?

엄마   (아빠에게) 왜 그래, 도대체? (지우에게) 지우야!

현관문 쾅 닫힌다.
문에 기대선 지우에게 부부가 다투는 소리가 들린다.

(아빠)	당신이 맨날 감싸니까, 사내놈이 근성도 없고, 만날 술에 술 탄 듯, 물에 물 탄 듯 헬렐레 하는 거 아냐.
(엄마)	미국에서 그러고 돌아온 애를, 그렇게 자극해야겠어?
(아빠)	자극? 저놈은 자극이 부족한 게 문제야. 저 녀석 미국에서 못 버티고 돌아온 거 당신 책임인 건 알지?
(엄마)	그게 왜 내 책임이래? 유학 보내자구 한 건 자기면서?
(아빠)	사내자식을 저렇게 물러터지게 키운 건 당신 책임이야!

지우, 양손으로 머리를 쥐어뜯으며 달려나간다.

9.   아파트 단지 일각, 밤

순찰을 도는 학성의 우산 위로 후드득, 듣는 빗방울.
랜턴 불빛에 비를 맞고 앉은 지우의 뒷모습.

학성	거, 누구요?

흠뻑 젖은 채 돌아보는 지우. 학성의 눈빛이 흔들린다.

INSERT
놀이터, 밤.
거센 빗줄기를 맞으며 벤치에 앉아 있는 태연(고등학생)의
뒷모습. 우산을 든 학성이 벤치 쪽으로 뛰어간다.

학성	태연아!
태연	이제 할아버지 영영 못 보는 거지?
학성	아니다. 곧 보게 될 거다, 곧.

학성, 태연의 곁에 앉아 어깨를 다독인다.
태연, 학성의 품에 안기며 흐느낀다.

| 태연 | 할아버지이… |

학성, 태연을 꼭 안으며 굵은 눈물을 흘린다.

CUT TO
다시 아파트 단지.
학성이 벤치로 다가가 지우에게 우산을 받쳐준다.

10.　　　경비실, 밤

쏴아, 쏟아지는 비가 경비실 창을 때린다. 러닝셔츠 차림의
지우가 가볍게 몸서리를 치면, 학성이 수건을 건넨다. 지우
가 안을 둘러보는데 택배로 가득 차 앉을 자리도 없다.

| 지우 | (혼잣말) 빨리들 좀 찾아가지… |

자신을 빤히 바라보는 학성을 의식하곤

지우   아, 저는 조기 백팔 동 살아요.

그때 저쪽에서 우산을 쓰고 다가오는 엄마를 발견한 지우.
학성도 지우의 시선을 따라 엄마를 본다.

지우   화, 화장실 좀 쓸게요.

대답도 듣지 않고 안쪽 화장실로 들어가버리는 지우.
엄마, 경비실 바로 앞에서 두리번대다가 노크한다.
학성, 난처한 표정으로 문을 여는데

엄마   저기, 혹시⋯ 백팔 동 이백오 호 택배 온 거 있나요?

학성, 엉겁결에 상자를 내주고 사인을 받는다.

엄마   일주일 전에 시킨 게, 이제야 도착했네.
            앤 어딜 간 거야? 그 차림으로⋯

11.   경비실 안, 밤

창밖을 내다보는 지우.
학성이 불안한 듯 그런 지우를 살핀다.

학성   너 찾는 거 아니니? 날래 들어가라.

                    초고

지우　　…

학성　　늬 오마니 아니네?

지우　　(못 들은 척) 할아버지… 조선족인가 봐요?

학성　　응? (머뭇거리며) 그러티. 조선…

책상에 놓인 약병을 들고 살피는 지우.
학성이 약병을 빼앗는다.

학성　　(당황하며) 혀, 혈압약이다.

지우　　(물끄러미 바라보며) 안 물어봤는데…

학성이 괜히 책상 정리를 한다.

지우　　(카세트테이프를 들어보며) 이게 뭐예요?

학성　　(음악을 묻는 걸로 착각하여) 바흐.

지우　　바흐! (떠올리며) 음악의 아버지! 맞죠?

신기한 듯 테이프를 흔들어보더니, 카세트 플레이어를 가리키며

지우　　이런 건 어디 가면 팔아요?

학성　　주운 거다. 여기 동무들은 물건 아까운디 모르고…

지우　　동무? 할아버지 간첩 같네?

'간첩'이란 단어에 흠칫하는 학성.

그러나 지우는 눈치채지 못한다.

12.   차 안, 밤

와이퍼가 간헐적으로 빗물을 닦아낸다. 거구의 안기철(30
대)이 선글라스를 쓴 채 경비실을 지켜본다. 이때, 노크 소
리. 창문을 내리면 지우 엄마다.

엄마   아저씨. 전면 주차하셔야 돼. 화단에 매연이 가잖아요.
안기철   아? 네! 전면 주차…

13.   지우네, 밤

지우 엄마가 중얼대며 들어온다.

엄마   아직 안 왔지? 비 맞으면 감기 들 텐데.
아빠   전화해.
엄마   당신이 좀 해봐.

지우 아빠, 귀찮다는 듯 전화를 걸면 어디선가 부르르, 하
는 진동음. 욕실 앞에 놓인 지우의 휴대전화다. 보면, 화면
에 발신자 '개꼰대'. "이이이…" 하며 폰을 바닥에 던지려
던 아빠, "아우!" 하며 소파에 던진다.

14.　　　아파트 단지, 새벽

학성이 교대자와 인사를 나누고 자전거에 오른다.

15.　　　차 안, 아침

입을 벌리고 졸던 안기철이 흠칫 깬다.
학성을 보더니 서둘러 선글라스를 고쳐 쓰며 시동을 건다.

16.　　　지우네, 아침

토스트와 계란, 주스 등이 차려진 식탁. 지우가 무덤덤한
표정으로 앉는다. 엄마는 눈치를 살피고, 아빠는 못마땅하
게 지우를 쏘아본다. 달그락거리는 소리만 나는 침묵의 아
침 식사. 지우가 토스트를 먹는 둥 마는 둥 하다가 주스만
들이켜고 일어선다.

17.　　　거리, 아침

안기철이 미행하던 학성을 놓친다. 선글라스를 벗고 당황
한 눈빛으로 사방을 둘러보는데 '똑똑' 창을 노크하는 소
리. 보면, 자전거를 끌고 서 있는 학성이다.

18.　　　　설렁탕집, 아침

땀을 닦아가며 맛있게 설렁탕을 먹는 안기철.
그런 안기철을 보며 국물만 몇 술 뜨는 학성.

안기철　　　아드님은… 연락 없나요?
학성　　　　…
안기철　　　(인상 찌푸리며) 연락 오면 바로 알려주셔야 돼요. 벌써 한
　　　　　　달째예요.
학성　　　　알았소.

CUT TO
계산을 하려던 안기철, 선글라스를 쓰며 학성에게

안기철　　　아! 잠은 잘 주무시는 거죠?

뭔가를 들킨 듯 당황하는 학성의 표정에서

19.　　　　학교, 상담실, 낮

개량 한복을 입은 여교사와 마주 앉은 지우.
불량한 자세로 귀찮다는 표정을 숨기지 않는다.

여교사　　　(가식적인 미소) 지우처럼 조기 유학을 갔다가 실패… 아

니, 돌아온 학생들이 몇 있어. 그 친구들도 잘 적응하고 있거든. 알지? 여긴 대안학교긴 하지만, 진학도 많이 해. 소위 스카이… 알지? 합격 비율로 보면 어지간한 특목고 정돈 되거든. (지우의 눈치를 살피며) 물론 입시가 인생의 목표는 아니지. 혹시 우리 지우가 여기가 무슨 문제 학생들 모아놓은 학교 아닌가 하면서 위축될까 봐 하는 얘기야.

지우	애니띵 엘스Anything else?
여교사	(당황하며) 응? 어… 그렇단 얘기야.
지우	(일어서며) 씨야See ya!
여교사	(지우의 뒤에 대고) 그, 그래. 씨, 씨 유 투모로우!

지우, 심드렁한 얼굴로 나서는데. 입구에서 셀카를 찍는 듯 스마트폰을 치켜든 여학생과 마주친다. 보람이다. '뭐야' 하는 얼굴로 스쳐 지나는 지우.

20. 교실, 낮

쉬는 시간. 갱스터 랩이 흐른다. 이어폰을 꽂고 구석 자리에 앉은 지우. 멍하니 창밖을 보는데, 옆자리에 가방이 툭 떨어진다. 스마트폰을 든 채 악수를 청하는 보람. 폰 화면에 보이는 지우의 황당한 표정.

| 보람 | 니 짝이다. 차보람. (지우의 명찰을 찍으며) 한지우? |
| 지우 | 뭐하는 거야? 찍지 마! |

보람	지우보단… 부르기 편하게 우달이로 하자. 좋네! 우달.
지우	뭐야? 니가 뭔데 남의 이름을!
보람	까칠하긴… 잘 지내자. 우달!
지우	(버럭) 찍지 말라고!

일순 조용해지는 교실. 지우, 영문을 몰라 둘러보면, 급우들 걱정스러운 표정으로 수군거리는데. 보람이 못마땅한 얼굴로 귓불을 만지작거리며

보람	학교 마치고 나 쫌 보구 가라… 우달.

21.   교정, 낮

하교 시간. 같은 반 학생이 지우에게 쫓아와 말을 건다.

학생	평산고 알지? 평산고등학교!
지우	?

22.   몽타주: 보람의 전설

평산고, 낮

흡연실 문이 열리면 자욱한 연기 속에서 염색, 피어싱을 한 학생들이 나온다.

(학생)　전국 유일! 흡연실 설치 학교! 염색 자유, 문신 자유, 피어싱 자유. 꼴통의 레전드! 평산고를 몰라? 차보람⋯ 거기서 전학 왔잖아. 완전 대차게 나갔대. 차보람에 얽힌 썰이 있는데⋯ 두 가지 버전이야. 하나는 보람이가 그 학교 일진 애들 몇을 군 면제 받게 해줬다는 건데⋯

(지우)　면제? 어떻게?

\# 창고, 밤

보람이 겁에 질린 남학생의 손목을 붙잡아 테이블에 강제로 올려놓는다. 보람의 차가운 미소. 부웅, 바람 가르는 소리가 나더니 도끼가 테이블 위에 꽂힌다. 악, 하는 남학생의 비명.

(학생)　수틀리면 손가락을⋯ 삼손이 사손이가 한둘이 아니래.

(지우)　다른 버전은?

(학생)　(머뭇거리다) 애가 둘이래.

\# 교실, 낮

수업 시간. 만삭의 보람이 노트에 도끼 그림을 그리면서 딴전을 피운다. 옆자리엔 강보에 싸인 젖먹이가 잠들어 있다.

23.　거리, 낮

지우　애?

　　　이상한 나라의 수학자

학생	믿거나 말거나긴 한데 ··· 조심해, 차보람이-,
(보람)	우달!

불량하게 침을 찍 뱉으며 다가오는 보람.
지우를 버리고 혼자 도망가는 학생.

24.   노래방, 낮

보람이 트로트 〈땡벌〉을 구성지게 부른다. 지우가 센 척
하려고 꼰 다리를 자꾸 바꾸며 불안하게 쳐다본다. 노래를
마친 보람, 음료수를 원샷하고 '크억' 트림을 하더니

보람	우달! 너도 한 곡 뽑아봐.
지우	(짐짓 목소리 깔며) 니가 잘 모르는 거 같은데, 사실 내가 너보다 오빠야. 원래 2학년인데 1학년으로 편입한 거거든. 니가 몰라서 그런 거니까, 내가 이해하―,

보람, 지우의 말을 끊듯 뭔가 툭 던진다. 주민등록증이다.
지우보다 한 살 많다.

지우	에? 이, 이거 ···
보람	어찌 살다 보니 이 년 꿇었다. (바싹 다가앉으며) 우달아, 누나가 어렵게 마음을 잡았어. 하고 싶은 일이 생겼는데 니가 좀 도와줘야겠다. 아! 누나라고 부를 필욘 없어. 그냥

친구 먹자. 같이 늙어가는 처지에.

25.   헌책방 앞, 저녁

자전거를 타고 헌책방 앞을 지나는 학성. 표정이 어둡다.
책방 주인이 반색하며 학성을 멈춰 세우더니 책 서너 권을
들고 나온다.

주인   이 선생님! 이거⋯ 요즘 왜 그리 뜸하셨어요? 어디 편찮
         으셨어요?
학성   아, 아닙네다.
주인   지난달에 부탁하신 거⋯ 제가 챙겨놨습니다. 허허.
학성   감사합네다.
주인   제가 감사하죠. 맨날 애들 참고서만 팔다가, 이 선생님 덕
         분에 이런 책들 찾아서 모으고 하니까, 책방 주인 할 맛 납
         니다. 허허. 이건 그냥 드리는 겁니다. 서비스로.

《괴델, 에셔, 바흐Gödel, Escher, Bach》, 《학문의 즐거움》 등
을 덤으로 얹어주는 책방 주인. 학성, 애써 미소를 지으며
받아 들지만 돌아서면 다시 표정이 어두워진다.

26.　　학원가, 저녁

휴대전화를 든 지우, 짜증 나는 얼굴로 학원 간판들을 보
다가 통화가 연결되자 활짝 웃으며

지우　　　요! 브로! 나와라!
(친구)　　인간아, 수유리에서 목동을 어떻게 가냐? 이 시간에.
지우　　　내가 종로쯤으로 갈까?
(친구)　　아함~ 피곤해… 지금 나가면 날밤 까야 하는데… 나중
　　　　　에 중학교 때 애들 다 모아서 함 보자. 수유리에서. 키키.

지우, 전화를 끊고 힘없이 서 있는데 누가 어깨를 툭툭 친
다. 돌아보면 스마트폰으로 촬영 중인 보람.

보람　　　한지우 학생, 미국이 그립지 않은가요? 거긴 학원이 없었
　　　　　을 텐데…

27.　　패스트푸드점, 저녁

창가 자리. 콜라를 쫄쫄 빨아 먹는 지우.
카메라를 조작하는 보람.

지우　　　(짜증 섞인) 그냥 학교에서만 찍으면 안 돼?
보람　　　다큐멘터리란 게 그렇게 편할 때 찍어서 대충 만드는 게

아니다. 근성이 중요하거든, 근성이. 다큐 작가는.

지우   (툴툴거리며) 근성은 개뿔…

보람   (상상하는 표정으로) 널 처음 봤을 때, 그 서늘한 눈빛, 우수 어린 표정…

지우, '뭘 또 그런…' 하는 미소가 입가에 번지는데

보람   그걸 본 순간!… 조기 유학에 실패하면서 찌질해진 소년의 인생에 카메라를 들이대면 어떨까? 하는 아이디어가 쿠궁, 하고 떠오른 거지.

지우   찌, 찌질?

보람   (폰 들이대며) 슬레이트!

지우, 쓸쓸한 표정으로 '철썩' 손뼉을 친다.

28.   거리, 밤

횡단보도에서 신호를 기다리는 지우. 그 앞을 지나는 자전거. 고급 승용차가 스치듯 추월하자 비틀거리다 쓰러진다. 달려가서 넘어진 이를 부축하는 지우.

지우   괜찮아요? 체인이 끊어졌네.

학성   아이구. 이거. 고맙습—,

지우   어?

학성과 지우, 놀라며 서로를 알아본다.
멀리서 보람이 이들의 모습을 폰으로 찍는다.

29.   임대아파트 단지, 밤

작은 평수 아파트들이 빽빽하게 들어찬 두어 동짜리 복도
식 단지. 학성이 고장 난 자전거를 끌고, 지우는 책이 담긴
봉지를 들고 따라간다.

학성   고맙다. 인제 집에 가보라우.
지우   괜찮아요. 할 일두 없는데… 집까지 들어다 드릴게요.

30.   학성의 집, 밤

15평 남짓한 아파트. 방 한 칸과 부엌 겸 거실이 전부다.
현관에 서서 난생처음 보는 좁은 임대아파트 안을 '구경하
는' 지우.

학성   누추한데… 들어오라.
지우   네.
학성   밥은 먹었네?
지우   어… (머릴 굴리다가) 아니요…

낡은 아파트지만, 안은 깔끔하게 정돈돼 있다. 거실엔 어디선가 주워온 듯 짝이 맞지 않는 낡은 책꽂이가 두 개.《자본론》과《국부론》,《역사적 유물론》과《열린 사회와 그 적들》따위가 대조를 이루며 꽂혀 있다. 다른 책꽂이엔 영어로 쓰인 수학 책들이 가득하다. 책을 살펴보던 지우, 저녁을 차리는 학성에게 말을 건다.

지우   할아버지도 오팔육이야?
학성   (돌아보며)?
지우   (혼잣말로) 그런 게 있어요. 재수 없는 거.

학성, 못 듣고 밥상을 차린다. 봉지에서 오늘 얻어온 책을 꺼내는 지우.《괴델, 에셔, 바흐》다. 주룩 책장을 넘기면 수식과 그림, 악보 따위가 눈에 들어온다.

지우   (혼잣말로) 뜨허! 이게 뭐냐? '수학'이 심지어 '영어'야! …
        쩐다!
학성   밥 먹자. 차린 건 없지만.

학성이 소반을 내려놓는다. 김이 모락모락 나는 흰 쌀밥과 아욱국, 그러나 반찬은 김치뿐이다. 엄청나게 큰 밥그릇을 보고 놀라는 지우.

학성   어서 들자우.

학성, 가뜩이나 수북한 지우의 밥그릇에 자신의 밥을 덜어 얹는다. 지우가 곤란한 표정으로 밥그릇과 학성을 번갈아 본다.

학성   한창 자랄 나이에 고걸 못 먹네?

CUT TO
국그릇을 들어 마지막 한 방울까지 마시고 상에 내려놓는 지우. 밥공기, 김치보시기 모두 깔끔하게 비어 있다.

지우   후아!
학성   거 봐라. 얼마 안 되지. 더 먹갔니?

지우, 배를 쓰다듬으며 손을 내젓는다.

학성   덕분에 나도 잘 얻어먹었다. 만날 혼자 먹다가 말동무가 있으니… (쓸쓸한) 밥이 달구나. 근데… 집에 가서 먹을 걸, 괜히 찬도 없는데 권한 거 아니네?
지우   어차피 집에선 밥 잘 안 먹어요. 점심은 급식 먹구, 저녁은 사 먹구, 아침이야 항상 대충이니까…

31.   학성의 집 앞, 밤

선글라스를 쓴 안기철이 현관문에 기대어 엿들으려 애쓴

다. 그 모습이 폰 카메라에 잡힌다. 보람이 먼발치에서 촬영 중이다.

32.   학성의 집, 밤

지우가 아무렇게나 던져둔 백팩. 열린 지퍼 사이로 삐져나온 책. 학성이 '수학'이란 단어를 보고 책을 조금 끄집어낸다. 지우가 이 광경을 보고

지우   (신경질적으로) 뭐야? 남의 가방을 막 뒤지면…
학성   (도로 밀어 넣으며) 아, 그게 아니라… 미, 미안하다.

자신도 모르게 버럭 신경질을 낸 것이 민망한 지우.
책을 꺼내 두 손으로 건넨다. 수학 문제집이다.

지우   아, 아니에요. 보세요. 여기…
학성   으, 응. 고맙다.

앉은뱅이책상에 스탠드를 켜고 앉는 학성.
안경을 쓰고 문제집을 뒤적이다 연필을 집어 든다.
뭘 하나 싶어 어깨너머로 훔쳐보는 지우.

CUT TO
지우, 학성이 문제를 푼 종이 서너 장을 들고 들여다본다.

수식과 그래프가 정갈하게 정리돼 있다. 종이와 학성을 번
갈아 보는 지우.

지우   도대체… 무슨 짓을 한 거야? 지금?

CUT TO
알겠다는 듯 끄덕이는 지우.

지우   아~ 수학 선생, (수정하며) 선생님이구나. 연변요?
학성   아… 아니, 평양.
지우   (놀라며) 평양? 북한? 조선족 아니구?
학성   (지우의 표정을 살피는데)
지우   (뜸 들이다) 대박! 나 그럼 지금 북한 사람이랑 얘기하는 거
         네?
학성   이제 남조선, 아니 대한민국 국민이다. 주민등록증도 나왔
         으니까…
지우   언제 왔어요?
학성   삼 년 됐다.

CUT TO
현관에서 신발을 꿰어 신는 지우.

학성   조심해 가라.

지우, 공손하게 인사하고 나가려다 갑자기 돌아서며

173   초고

지우	저기…
학성	?
지우	놀러 와도 돼요? (눈치 살피며) 가끔?
학성	??
지우	(핑계를 찾다가) 수학! 수학 배우러 와도 되죠?

33. 임대아파트 단지 입구, 밤

지우, 돌아보면 학성이 내려다본다.
손을 흔드는 지우. 마주 손을 흔드는 학성.

34. 지우네 아파트 단지, 낮

학성, 누군가 내다 버린 화이트보드를 살펴보는데
추리닝 차림의 30대 사내가 다가온다.

추리닝	백팔 동 삼백오 호 택배, 없나?

학성, 장부를 들여다보고

학성	찾아갔네요. 여기 서명이…
추리닝	(짜증을 내며) 뭔 소리야? 싸인만 하면 아무나 내주는 거야?
학성	일일이 공민증을 확인할 수도 없고… 서명을 하면―,

추리닝	공민증? 뭐야? 한국 사람 아냐? 일을 이따위로 하면 어떡해? 확인을 해야지. 신! 분! 증! 어떡할 거야, 이거.
학성	하나 물읍시다.
추리닝	?
학성	지금 신분증 가져오셨소?
추리닝	(주머니 더듬으며) 없는데…
학성	다른 입주민들도 마찬가지란 말씀이오. 게다가 내가 신분증 보자구 하면 화부터 내는 입주민들도 많고…
추리닝	그, 그래서 어쩌라구?
학성	경비실 사정이 그렇단 말씀이오.
추리닝	아 진짜. 관리사무소 안 되겠구만. 제대로 된 사람을 뽑아야지. 이런 말도 안 통하는 조선족 떨거지들을 뽑아놓고…

휙 돌아서 가버리는 추리닝.
착잡한 마음을 털고 화이트보드를 닦는 학성.

35.   거리, 저녁

화이트보드를 들고 걷는 학성. 헌책방에 들러 책을 산다.
빨간색 표지다. 무거운 짐을 든 그의 발걸음이 힘겹지만,
땀을 닦는 표정은 밝다.

36.   학성의 집, 저녁

학성이 화이트보드를 걸고. 지우가 지켜본다.
학성이 한 발짝 떨어져 가늠하며

학성   수평이 맞네?
지우   진짜… 하려구요?
학성   니가 하자구 하지 않았네?

CUT TO
학성이 화이트보드에 판서를 한다.

$4 \times 5 = 12$
$4 \times 6 = 3$
$4 \times 7 = ?$

물음표를 톡톡 치며 지우에게

학성   뭐겠네? 사 곱하기 칠?
지우   사칠은 이십팔인데… 여기선… 십사?
학성   니 아주 아달맹이로구나!
지우   아달맹이? 그거 욕이지?
학성   똑똑하고 야무지단 거다.

지우에게 빨간 표지의 책을 내민다.

《이상한 나라의 앨리스》다.

학성 읽어봤네? 이 책?
지우 동화책이잖아요. 토끼 따라갔다가 개고생하는 얘기.
학성 그래… 이 책에 이런 장면이 있다. (책을 뒤적이며) 앨리스
가 토끼를 따라갔다가 길을 잃고 우는 장면인데… 그래,
여기구나. (손으로 짚어가며) '어디 보자. 4 곱하기 5는 12, 4
곱하기 6은 13, 그리고 4 곱하기 7은… 안 돼! 이런 식으
로 가면 20까지는 절대 도달하지 못할 거야!'

학성이 앞서 써둔 것에 이어서 판서를 한다.

$4 \times 5 =$ 12

$4 \times 6 =$ 13

$4 \times 7 =$ 14

$4 \times 8 =$ 15

$4 \times 9 =$ 16

$4 \times 10 =$ 17

$4 \times 11 =$ 18

$4 \times 12 =$ 19

$4 \times 13 =$ 20?

학성 이게 앨리스가 계산한 방법 아니겠네?
지우 에이! 앨리스는 초딩이잖아. 방법은 무슨…

학성이 다시 판서를 이어가며 말한다.

$$4 \times 5 = 20 \quad \rightarrow \quad (18진법)\ 12$$
$$4 \times 6 = 24 \quad \rightarrow \quad (21진법)\ 13$$
$$4 \times 7 = 28 \quad \rightarrow \quad (24진법)\ 14$$
$$4 \times 8 = 32 \quad \rightarrow \quad (27진법)\ 15$$
$$4 \times 9 = 36 \quad \rightarrow \quad (30진법)\ 16$$
$$4 \times 10 = 40 \quad \rightarrow \quad (33진법)\ 17$$
$$4 \times 11 = 44 \quad \rightarrow \quad (36진법)\ 18$$
$$4 \times 12 = 48 \quad \rightarrow \quad (39진법)\ 19$$
$$4 \times 13 = \triangle\triangle \quad \rightarrow \quad (42진법)\ 20?$$

학성   십진법에서 사오는 ―,

지우   이십!

학성   그러티. 이걸 18진법으로 고치면 1, 2란 말이디. 마찬가지
로 십진법에서 사륙은 이십사지만, 21진법으로 고치면 1,
3이 나온단 말이야? 이렇게 죽 내려가면…

지우   뭐야? 그럼 진법을 삼씩 올리면 저게 다 맞는단 거예요?

학성   그러티! 근데 마지막 줄에서 문제가 생기디. 십진법에서
사 곱하기 십삼은…

지우   (신이 나서) 오십이! 오십이!

학성이 미소를 지으며 '△△'를 지우고 '52'라고 쓴다.

학성   오십이를 42진법으로 고치면 1, 10이 나온단 말이야.

학성이 '20?'을 지우고 '110'이라고 쓴다.

학성   2, 0이 안 나와. 그래서 '이공엔 절대 도달하지 못 한다'고
       한 거디.
지우   초딩이 그런 걸 안다구요?
학성   작가가 생각한 거디.
지우   (책을 받아 들며) 어쩐지 재미없다 했더니, 동화책이 아니었
       구만! 루이스 캐럴? 뭐, 잔대가린 짱이네!

CUT TO
지우가 학성의 눈치를 보며 수열의 합을 구하는데,
공식으로 깔끔하게 풀지 않고 모든 항을 다 더하고 있다.

지우   (주눅이 들어) 이렇게 하면 틀린 거죠?
학성   (웃으며) 일없다. 틀린 게 아니라, 다른 거다.
지우   ?
학성   니 소수 아네?
지우   이, 삼, 오, 칠, 구… 이거요?
학성   구는 아니디.
지우   아. 맞다. 십일.
학성   그러티. 일과 자신 외에는 약수가 없는 숫자. 그게 소수지.
       이거이 어떤 규칙을 갖는 거 같니?
지우   있어요? 규칙이?
학성   아직까진 없디.
지우   앞으론 있을 수도 있다는 거예요?

학성	백오십 년 전 독일에 베른하르트 리만이란 수학자가 있었다. 그이가 소수들에 어떤 규칙이 있을지도 모른다구 생각했어. 그걸 정리한 게 리만 가설이야… 아직 아무도 증명하진 못했다.
지우	백오십 년 동안 아무도? 할아버지도 못 해요?
학성	(웃으며) 그거 증명하면 상금이 백만 달러다. 나라구 안 하고 싶겠네?
지우	백만? 그럼… 억, 십억… 십억!

지우, 갑자기 공책에 뭔가를 끄적거린다.

학성	그러티. 십억 원… (웃으며) 세상에서 십억 원을 제일 어렵게 버는 방법이 바로… 리만 가설을 증명하는 거디…

지우, 방금 써둔 '2, 3, 5, 7, 9, 11, 13, 15, 17…'에 학성이 안 볼 때 직직 '×' 표를 그어 지운다. 학성, 책꽂이에서 두툼한 책을 꺼내 펼쳐서 지우에게 건넨다. 보면, 오래된 노트를 찍은 사진. 큰 숫자를 계산한 손 글씨 메모다.

학성	리만이 남긴 메모다.
지우	뭐야. 무식하게 그냥 더하고 곱하고…
학성	(화이트보드를 가리키며) 니 계산법이랑 별로 다를 게 없디?
지우	그러게요.
학성	리만도 처음에 이렇게 시작한 거다. 어느 날 머리에 뭔가 딱 떠오른 게 아니란 말이디. 하나씩 더하고 곱하고 나누

고 하면서 생각을 조금씩 키워가는 거다. 초등학생처럼 하나씩 더해보고 빼보면서 고민해본 사람만이 위대한 공식을 이해하는 거고, 만들어낼 수도 있는 거다.

지우   흠. 머리를 많이 썼더니 … (표정 밝아지며) 출출한데요?

37.   학성의 집 앞, 저녁

창을 기웃거리던 안기철, 배달원의 등장에 흠칫 놀란다.

38.   학성의 집, 밤

피자를 나눠 먹는 학성과 지우.

학성   이 좋은 걸 얻어먹어서 어쩌네? 비싸지 않네?
지우   엄마가 학원 끝나고 … (아차! 하는 표정) 학교 마치고 저녁 사 먹으라구 이만 원씩 줘요.

손가락을 빨며 책장 위의 액자를 들여다보는 지우.
학성과 아들, 며느리, 손주가 함께 찍은 가족사진이다.

(지우)   가족이에요? 얘는 손자?
학성   응. 태연이. 고 2다.
지우   나랑 동갑이네?

학성	니, 고1이라 하지 않았네?
지우	원래 고2예요.
학성	유급했네?
지우	(발끈) 아놔! 아니거든요! 그게 아니고… 말하자면 복잡해요. 하여간 동갑이라니까요. 근데 왜 같이 안 살아요?
학성	어… 지방에 내려갔다. 아바디 따라서… (말 돌리며) 지우 너 이거 하나 더 먹어라.
지우	할아버지 드세요. 네 조각씩 먹는 거예요.
학성	늙으면 이런 거 마이 못 먹는다.
지우	(좋아라 하며) 그럼 젊은 제가…

다부지게 피자를 먹는 지우.
학성이 애잔한 눈으로 지우와 사진 속 손주를 번갈아 본다.

39. 학교 식당, 낮

줄을 서서 급식을 받는 학생들.
지우, 뭔가를 골똘히 생각하며 밥을 먹는다.

40. 지우의 꿈: 옥상, 낮

난간에 기대 하늘을 바라보는 지우. 갑자기 번쩍하는 빛,
지우가 눈을 가리는데, 광채 속에서 누군가 걸어 나와 지

이상한 나라의 수학자

우에게 서류를 건넨다. 보면, 외계인이다.

지우   (표지를 보며) 리만 가설의 증명? 이걸 나한테? 대박!

외계인   (보람의 목소리) 대신 네가 도와줄 일이 있다… 우달!

41.   교정, 낮

벤치에 누워 잠들었던 지우가 부신 눈을 찡그리며 깨어나
면, 해를 등 진 보람의 실루엣.

보람   총각! 이런 데서 자면 입 돌아가.

지우에게 뭔가를 내미는 보람.
보면, '청소년 다큐멘터리 영화제' 팸플릿.

보람   한 달도 채 안 남았다. 뭐 짜릿한 장면 좀 만들어봐. 싸움질
을 한다거나, 가출을 한다거나… 하여튼! 뭔가 클라이맥
스가 될 수 있는 거 말이야. 아무리 다큐라도 그런 그림이
좀 있어야 돼. 참고하고… 협조 좀 하자. 응?

42.   교실, 낮

수업 시작을 알리는 차임벨. 교사가 들어오자, 이어폰을

빼고 책을 펼치는 지우. 보람이 지우를 향해 스마트폰을 들고 손으로 큐 사인을 낸다. 지우, 치우라고 손짓하지만 못 본 척하는 보람. 포기하는 지우.

43.   아파트 단지, 저녁

지우가 1층 현관을 통과하다가 다시 돌아 나온다. 먼지가 뽀얗게 앉은 자전거. 잡고 흔들어보니 자물쇠가 없다. 입가에 미소가 번진다.

44.   자전거포, 저녁

자전거를 끌고 온 지우가 타이어에 바람을 넣는다.
안장을 옷깃으로 닦고 나서 흐뭇한 표정으로 바라본다.

45.   임대아파트 단지, 저녁

지우가 입구에서 기웃거리다 학성을 보고 손짓한다.
학성에게 자전거를 끌고 가 권하는 지우.

지우   할아버지, 선물! 접때 고장 났잖아요.
학성   (놀라며) 아니… 이런 걸. 이런 데 돈 쓰면—,

지우   (뒷자리를 두드리며) 타요.

학성을 태우고 자전거 페달을 밟는 지우.
붉은 노을 속 둘의 정겨운 실루엣에서

46.   몽타주

경비실, 밤
책을 읽는 학성의 목덜미에 닿는 아이스 바. 보면, 지우다.
학성이 수학 문제를 풀어주고, 지우가 고개를 끄덕인다.
아이스 바를 물고 학성에게 하이파이브를 강권하는 지우.

한강 둔치, 낮
학성이 바닥에 포물선을 그리자, 지우가 거기에 접선을 그
리며 미소를 짓는다. 지우가 돌을 주워 강에 던져 물수제
비를 뜨고 환호한다. 풀숲에서 이 광경을 몰래 촬영하는
보람.

학성의 집, 밤
지우가 화이트보드 앞에서 문제 풀이 과정을 설명하고, 학
성이 고개를 끄덕이며 듣는다. 지우가 화이트보드 구석에
'학성 동무 만수무강하시라요!'라고 낙서한다.

47.   산동네 정자, 밤

한강 야경이 보이는 자리에 나란히 앉은 지우와 학성.

지우   저번에 말이에요. 약병…
학성   (당황) 으, 응?

INSERT

11에서

경비실 책상 위의 약병을 들어 뚫어지게 보는 지우. 학성
이 약병을 빼앗으며

학성   혀, 혈압약이다.

CUT TO

다시 산동네 정자.

지우   그거 수면제잖아요?
학성   니가 그걸 어떻게…?
지우   (시선을 돌리며) 나 그거 먹어봤거든. 미국에서…
학성   그걸 왜?
지우   나? 자살할라구…

학성, 말문이 막혀 지우를 바라본다.

지우	정확히 말하면 자살 쇼! 그거 몇 알 먹는다고 죽는 거 아니니까. 두 알은 적어 보이고, 열 알은 좀 무섭고… 그래서 딱 다섯 알 먹었어요. 아빠두 알아. 내가 쇼한 거… 그래서 더 쪽팔리구.
학성	왜 그런 짓을 했네?
지우	친구들도 보고 싶고, 엄마 아빠도 보고 싶고…
학성	그럼 그렇다고 얘길 하지?
지우	맨날 울고불고했는데… 왜 어린애처럼 구느냐고 혼만 나니까… 방법이 없잖아. 근데 막상 돌아오니까, 엄마 아빠가 제일 밉더라구요. 거기선 그렇게 보고 싶었는데…
학성	그래도 같이 사는 게 행복한 거다.
지우	너무 잘났어. 울 엄마 아빠는… 명문대 나와서 대기업 다닌다구… 그래서 내가 쪽팔린가 봐, 남들한테… 하긴 쭈구리 찐따니까. 난 집에선 암말도 안 해요. 얘기해봐야 잔소리만 들으니까…
학성	니가 어디가 못났네?
지우	다! 다! … 휴우, 어떻게 살아야 하는 건지… 아! 진짜 모르겠다!
학성	그걸 벌써 알면 어쩌네?
지우	?
학성	이제부터 찾아가는 거디… 내가 비밀 하나 얘기해줄까?
지우	?
학성	나도 아직 잘 모른다. 어떻게 살아야 하는 건디…
지우	그걸 아직도 모르면 어떡해!?
학성	(웃으며) 그러게 말이다.

지우	좀 물어볼라 했더니. 꽝이네.
학성	그건 말이다. 누가 알려줘서 되는 게 아니다. 니가 찾아야 하는 거디. 인생은 수학 문제 같은 거 아니겠니?
지우	여기서 또 웬 수학이래? 누가 수학 선생 아니랄까 봐…
학성	수학 문제 보라우. 답은 하난데, 푸는 방법은 많디? 피타고 라스 정리만 해도 증명법이 스무 개가 넘디 않니. 잘 알려 진 것만 그래. 누구나 자기 식으로 증명할 수 있는 거디.
지우	그치만 인생엔 정답이 없잖아?
학성	으응. 아니디. 인생엔 정답이 있디. 다만 그 정답까지 가는 방법이 제각각인 거디.
지우	인생에 정답이 있다구?
학성	부처님이나 예수님 말씀을 보라우. 그게 뭐이갓니? 착하 고 곱게 잘 살아라, 아니갓니? 그게 정답이디. 어떤 사람 은 스무 살에 도달하기두 하구, 어떤 사람은 환갑 넘어서 도착하구… 정답까지 가는 방법이 좀 다르다구 불안해할 필요두 없구. 남들보다 시간이 더 걸린다구 안달할 필요도 없다.
지우	뭐 좋은 말인 거 같긴 한데… 썩 와닿지는 않네요.
학성	풀다가 실수하기도 하고, 때론 돌아가기도 하지만 포기하 지만 않으면 누구든 언젠가 정답을 얻는 거디. 얼마나 쉽 니? 정답은 부처님 예수님이 이미 수천 년 전에 찾아놨으 니까니… 허허.
지우	학성 동무나 빨리 찾아요. 늦어도 너무 늦어.

불빛 반짝이는 한강 위로 둘의 웃음이 퍼져간다.

　　　　　　　　이상한 나라의 수학자

CUT TO

자리를 털고 일어나는 학성과 지우.

학성   차 조심하라우.
지우   (경례하며) 옛! 썰!

경중경중 뛰어가는 지우의 모습을 바라보는 학성.
둘의 모습을 몰래 폰에 담는 보람.

48.   골목, 밤

흐뭇한 얼굴로 귀가하는 학성. 모퉁이를 돌다가 셔터가 내
려진 가게를 보고는 우뚝 멈춘다. 불 꺼진 통닭집. 간판 한
귀퉁이가 깨져 있다.

49.   회상: 통닭집, 밤

어두운 가게 안은 흐트러진 의자와 테이블로 엉망이다.
냉장고, TV, 튀김기 등 집기엔 붉은색 압류 딱지.

(학성)   괜찮다.

희끄무레한 불빛을 따라가면 매장과 연결된 살림집. 아들

내외는 고개를 숙인 채 학성과 시선을 맞추지 못하고,
손주 태연은 화난 표정으로 부모를 번갈아 노려본다.

아들 　　　(헛기침) 자리 잡으면… 다시 모시갓습네다.
며느리 　　죄송해요, 아버님.
태연 　　　(벌떡 일어나며) 거짓말! 그게 말이 돼?

자리를 박차고 뛰어나가는 태연.

50. 　　　회상: 거리, 밤

빗속을 전력 질주하는 태연. 태연을 쫓아가는 학성.

학성 　　　태연아! 이리 와라!

51. 　　　회상: 놀이터, 밤

비에 젖은 채 벤치에 앉아 있는 태연의 뒷모습.
역시 비에 젖은 학성이 벤치 쪽으로 뛰어간다.

학성 　　　태연아!
태연 　　　이제 할아버지 영영 못 보는 거지?
학성 　　　아니다. 곧 보게 될 거다. 곧.

학성, 태연의 곁에 앉아 어깨를 다독인다.
태연, 학성의 품에 안기며 흐느낀다.

태연   할아버지이…

학성, 태연을 꼭 안으며 굵은 눈물을 흘린다.

52.   거리, 밤

이어폰을 꽂은 채 귀가하는 지우.
어두운 골목에서 갑자기 튀어나오는 검은 그림자.

지우   힉!

보면, 카메라를 든 보람이다.

지우   뭐야? 놀랬잖아. 스토킹하는 거야?
보람   (다짜고짜) 누구냐?
지우   (귀찮다는 듯) 뭐가?
보람   할아버지 말이야.
지우   (무성의하게) 간첩이야.
보람   (인내심을 발휘하며) 뭐하는 거냐? 그 집에서?

지우 멈춰서더니, 진지한 표정으로

지우	카메라 꺼면 알려주지. 오프 더 레코드!

보람, 폰을 내리고 지우를 바라보면

지우	(귓속말로) 시체가 있어. 그 집에. 그걸 토막 내고―,

'퍽' 하는 소리.

CUT TO

지우, 배를 움켜쥔 채 쭈그리고 앉아 있다.

보람	우달! 군대 가기 싫구나?

53. 지우네 거실, 아침

골프장에 갈 채비를 마친 아빠.
엄마가 잠이 덜 깬 지우를 데리고 나온다.

지우	(투덜대며) 토요일인데 왜…
아빠	한지우! 너! 요즘 밤중에 어딜 쏘다니는 거야?
지우	학원―,
아빠	분위기 파악 못 해? 학원 빼먹고 뭘 하고 돌아다니냔 거잖아.
지우	(기어들어가는 목소리로) 다니기 싫어…

아빠	뭐?
엄마	너 거기가 얼마짜린 줄 알아?
지우	(바락 악을 쓰며) 백만 원 아니라, 천만 원짜리라도 다니기 싫다구! 맨날 인권이니, 자율이니 하더니 왜 억지로 다니라고 하는 거야? 지금 엄마, 아빠가 나한테 하는 짓이 얼마나 이율배반인지 알아? 그냥 좀 내버려둬!

엄마 아빠는 물론, 지우 자신도 놀라 일순 침묵이 흐른다.

아빠	내, 내버려두면?
지우	(누그러지며) 내가 알아서 할 거라구. 시간이 좀 걸리더라두 내가 알아서 해결할 테니까 못살게 굴지 마. 인생의 문제를 해결하는 방법은 여러 가지라구. 때론 좀 돌아갈 수도 있는 거고…
엄마	그래. 그 말도 일리는 있는데… 공부는 다 때가 있는 거야. 그냥 넋 놓고 있다가 금방 서른 되고 마흔 되는 거야. 좀 힘들더라도―,
지우	교장 쌤한테 각서 쓴 거 기억 안 나? 사교육 포기 각서!
엄마	(당황하며) 그건…
지우	왜 반칙을 하는데? 그럴 거면 대안 학굔 왜 보내는데?
아빠	학교고 학원이고 다 때려치워! 내일 당장 자퇴해! 니 성적으로 듣보잡 대학 들어가봐야 등록금만 아깝지.
지우	(휙 돌아서며) 재수 없어!
아빠	너 지금 뭐라고 했어?
지우	남들 듣보잡이라고 욕하는 아빠는 뭔데? 강남 갈 능력 안

되니까 이 동네밖에 못 온 거 아냐? 강남 사람이 보기엔 아빠도 듣보잡이네!

아빠, 지우의 뺨을 철썩 때린다. 입술이 터진 지우, 아빠를 무섭게 노려보다가 자기 방에 들어간다. 아빠, "에잇" 하며 골프 가방을 든 채 나가버리고 엄마, 현관과 지우의 방을 번갈아 보다가

엄마   도대체… 다들 왜 이래? 다들 나한테 왜 이러냐구?

54.   지우의 방, 아침

이불을 뒤집어쓰고 누운 지우, 다시 벌떡 일어나더니 배낭에 옷가지를 집어넣고, 지갑을 열어 돈을 확인한다.

55.   거리, 저녁

배낭을 멘 채 우울한 표정으로 배회하는 지우. 친구에게 전화를 걸지만 받지 않자 길바닥의 돌을 걸어찬다.

56.　　　사무실, 밤

스탠드 하나만 켜진 어두운 사무실. 창을 향해 서 있는 왜
소한 사내의 뒷모습(50대). 선글라스를 쓴 안기철은 부동
자세로 서 있다.

뒷모습　　오늘 밤 맞지?
안기철　　네. 열 십니다.
뒷모습　　퇴근길에 말이야, 좀 들러서 넌지시 살펴봐. (목소리 깔며)
　　　　　드러나지 않게… 알지? 조용하게, 음지에서 말이야.
안기철　　네.

57.　　　찜질방, 밤

심드렁한 표정의 지우, 배를 깔고 엎드려 삶은 달걀을 먹
으며 만화책을 보는데 안내 방송이 나온다.

(안내)　　에, 잠시 안내 말씀드립니다. 청소년보호법 제2조, 그리
　　　　　구… 보건복지부 공중위생법 시행규칙 별표 4항에 따라
　　　　　서… 뭐냐… 십구 세 미만의 청소년은 금일 이십이 시부
　　　　　터 익일 공오 시까지 찜질방 이용이 제한되오니 양지해주
　　　　　시고… 어이 거기, 고삐리! 못 들은 척할래?

모른 체하던 지우가 손가락으로 자신을 가리킨 뒤, 손을

내저으며 청소년이 아니라는 몸짓을 하는데

(안내)   언능 집에 가라. 난중에 와. 오늘은 짤 없다. 구청 단속 뜨
        는 날이여.

        CUT TO

        지우, 신발을 신으며 찜질방을 나서는데 TV에서 밤 10시
        시보와 함께 뉴스가 나온다.

앵커   남한에 왔던 탈북민이 다시 북한으로 돌아가는 재입북 사
        건이 또 발생했습니다. 남한에서 사업을 벌이다 빚을 지자
        도피성 재입북을 한 것으로 보입니다. 오늘 조선중앙TV
        가 방송한 기자회견을 보시겠습니다.

58.   학성의 집, 밤

        오도카니 방바닥에 앉아 있는 학성의 뒷모습. 기자회견 장
        면이 나오는 낡은 TV를 얼어붙은 듯 바라본다. 김일성, 김
        정일의 초상이 걸려 있는 기자회견장. 아들의 발언이 이어
        지는 가운데 며느리와 손주 태연의 모습도 잡힌다.

아들   남조선 괴뢰들의 꼬임에 빠져 갔더랬습니다. 너무도 죄스
        럽고 수치스러워 얼굴을 들 수가 없습니다. 일시적인 경제
        적 어려움을 이겨내지 못하고 돈에 눈이 어두워 월경하고

말았습니다.

학성이 입술을 가늘게 떨며 울음을 삼킨다.

아들 씻을 수도 없는 죄를 지은 저희들을 다시금 따뜻하게 맞아 주신 장군님과 공화국에 감사드립니다.

손주 태연의 모습이 화면에 나오자, 학성의 눈에서 뜨거운 눈물이 흘러내린다.

아들 아버님까지도 남조선으로 모셨습니다만… 큰 병에 걸렸 는데… 약 한 첩 제때 못 써보고 그만… (고개를 푹 숙이며) 돌아가시고 말았습니다.

손주 태연이 "할아버지!" 하며 오열하고, 진행요원이 태연 을 부축해 밖으로 데려나가는 장면이 나온다.

학성 (애끓는 목소리로) 태연아… 태연아!

59. PC방, 밤

지우가 들어서자 알바생이 흘낏 노려보며 벽시계를 가리 킨다.

| 알바생 | 청소년 이용 시간은 열 시까지예요. |
| 지우 | 대학생이거든요? |

알바생, 따지기 귀찮다는 듯 카드를 건넨다. 지우가 카운터를 떠나 빈자리로 향하자

| 알바생 | (혼잣말로) 아… 고삐리 새끼들 진짜… |

CUT TO
몸을 이리저리 움직이며 게임을 하는 지우. 근처에 있던 또래 남학생들이 눈짓을 주고받는다.

| 60. | 골목, 밤 |

남학생 서넛이 지우를 둘러싼다.

남학생 1	(능글맞게 웃으며) 고딩이 학교 마쳤으면 집에 일찍 들어가야지. 피방에서 인생 조지구 있으면 어뜩하냐?
남학생 2	돈 좀 꿔주라. 형들이 배가 고파서 그래.
지우	어, 없어.
남학생 1	하. 이 새끼… 뒤져서 나오면―,

하는데, 지우가 남학생 1을 머리로 들이받고 도망친다. 남학생들, 지우를 쫓는다. 거리를 확보한 지우, 감자를 먹이

고 다시 뛰는데, 모퉁이를 돌더니 사색이 된다. 막다른 골목이다. 쫓아오던 남학생들, 길을 막아선다. 지우에게 코를 받힌 남학생 1이 피 섞인 침을 뱉는다. 체념한 듯 한숨을 내쉬는 지우.

CUT TO

흠씬 두들겨 맞아 쓰러진 지우. 남학생 1이 지우에게 마지막 발길질을 날린다.

61.   학성의 집 앞, 밤

안기철이 안절부절못하며 창틈으로 집 안을 엿본다. 그러나 학성의 모습은 보이지 않는다. 안기철이 휴대전화를 꺼내 전화를 건다. 화면에 '리 선생'. 집 안에서 들리는 전화벨 소리. 그러나 받지 않는다. 안기철, 초인종을 누를까 말까 고민한다.

62.   학성네 거실, 밤

앉은뱅이책상 위에 가족사진 액자가 보인다. 그 앞에 단정하게 앉아 있는 학성. 눈시울이 촉촉하다. #58의 아들 목소리가 메아리처럼 학성의 귓전을 때린다.

(아들)   돌아가시고 말았습니다. 돌아가시고 말았습니다! …

학성의 젖은 눈에 약병이 보인다. 초인종이 울리지만 무시
하고 약병을 드는 학성. 결연하다.
그때 '탕탕탕' 복도 쪽 창문을 두드리는 소리.

(지우)   할아버지! 할아버지이!

놀라서 문 쪽을 바라보는 학성.

63.   학성의 집 앞, 밤

지우, 창문을 두드리며

지우   할아버―,

현관문을 여는 학성.
얻어맞아 엉망이 된 지우가 흰 이를 드러내며

지우   할아버지 …
학성   아니 … 니 꼴이 이게 …

학성, 지우를 데리고 들어가면
숨어 있던 안기철이 다가와 창가를 기웃거린다.

이상한 나라의 수학자

64.   학성네 거실, 밤

학성, 지우의 상처에 약을 발라준다.

학성   (딱한 듯) 쯧쯧쯧…
지우   사람을 이렇게 패나? 무서워서 집에 갈 수가 없네.
학성   어디서 꽝포를 놓네?
지우   꽝포? 그게 뭐예요?
학성   거짓말하디 말란 거다. 옷매무새하며… 딱 봐도 동무들한
       테 모두매 맞은 거구만.
지우   (당황하며) 그, 그니까… 아들을 다구리 놓는 아빠가 어딨
       냐고…

대답 없이 없이 처치를 마치는 학성.
일어나 벽에 걸린 거울에 얼굴을 비춰보는 지우.

학성   얼른 집에 가라우.
지우   (거울 보며) 아니, 이 얼굴을 보고도 집에 가란 말씀이 나와
       요? 응?
학성   부모님 걱정하신다.
지우   글쎄, 별로 안 그럴 거 같은데…
학성   (버럭) 어른 말이 말 같지 않네?
지우   (놀라서) 아니, 왜 화를 내고 그래요?
학성   여기가 니 놀이터네? 가라우!

학성, 지우를 등 지고 앉은뱅이책상 앞에 앉는다.

지우 (당황해서) 그, 그게 아니라, 저는—.
학성 일없다. 날래 가라우. 번잡스럽다.

지우, 학성의 뒤에 대고 투정 반, 원망 반으로

지우 나는 뭐, 노인네 냄새 풀풀 나는 방이 좋아서 온 줄 알아요?
      갈 데가 없다구. 내 얘기 들어줄 사람도 없고… 그나마 할
      아버지랑은 말이 통하나 했더니… 아니구나. 아니야.

지우, 눈치를 살피지만 꼼짝도 않는 학성.

지우 갈게요. 가. 찜질방에서 삐찌 먹고, 피방에서도 쫓겨났으니
      까 대충 공원 구석 어디서 신문지 뒤집어쓰고 자면 되겠네.

거실 구석의 신문지를 집어 들며

지우 이거 몇 장 빌릴게요. 쳇. (구시렁) 인정머리하곤…

지우, 신문지를 들고 뒷걸음치며 현관 쪽으로 간다.

지우 (시위하듯) 갑니다. 신문진 내일 아침에 돌려드릴게요.

여전히 돌아앉은 채 반응 없는 학성.

지우, 포기하고 현관문을 여는데

(학성)   오늘만이다.

CUT TO
학성의 어깨를 주무르며 주절대는 지우.

지우   원랜 내가 주먹 좀 쓰는데… 잘 드러내진 않지… 쪽팔리
니까… 미국서도 흑인이구 백인이구 내 앞에선 다 짜졌거
든요. 근데 아깐 일곱… 아니다, 여덟이다. 이것들이 한번
에 덤비니까… 으! 오늘 컨디션만 좋았어도…

지우, 혼자만 떠들었다는 걸 눈치채고

지우   할아버지.
학성   됐다. 그만해라.
지우   뭐 안 좋은 일 있어요?
학성   아니다.

뻘쭘한 분위기. 지우가 카세트를 발견하곤

지우   맞다! 음악의 아버지! (카세트를 조작하며) 함 들어볼까?
학성   고장 났다.

학성, 테이프를 꺼내 지우에게 건넨다.

학성	나중에 들으라우.
지우	어? 주는 거?
학성	(끄덕)
지우	진짜? 고맙습니다. 근데 그럼 할아버진?
학성	(라디오 켜며) 라디온 나온다.
DJ	오늘 선유도공원이 난리죠? 못 가신 애청자 분들을 위해서 제가 선물해드리는 곡입니다. 헨델이죠? 〈왕궁의 불꽃놀이〉들으시겠습니다.

음악과 함께 펑, 펑, 하는 소리. 밝아지는 창밖. 지우 "우아!" 하며 내다보면 찬란한 불꽃이 터져 오른다.

(태연)	할아버지.

INSERT

회상: 대동강변, 밤

평양 시민들이 운집한 가운데 벌어지는 '축포야회 祝砲夜會'. 군중과 떨어진 먼발치에서 불꽃놀이를 보는 학성과 손자 태연.

태연	이제 다신 못 오겠죠?
학성	(고개를 저으며) 통일되구 오믄 되지.

학성과 태연이 손을 꼭 쥐고 결연한 눈빛을 교환한다.

이상한 나라의 수학자

CUT TO

다시 거실. 지우는 곤하게 잠이 들었다.
담요를 덮어주는 학성의 눈빛이 복잡하다.

65.   거리, 밤

지우 엄마와 아빠가 차를 타고 거리를 헤맨다.
차창 밖으로 불꽃놀이 광경이 보인다.

아빠   하여간 공무원 놈들 세금 걷어다 허튼짓은… (아내에게)
        친구들한텐 전화해봤어?
엄마   (근심스럽게) 중학교 친구들은 다 해봤는데…
아빠   내 이눔 자식을…

66.   지우네 아파트 전경, 새벽

부옇게 새벽이 밝아온다.

(엄마)   경찰, 경찰은 왜 소식이 없어.

67.   지우네 거실, 새벽

엄마는 경찰서에 전화를 하고, 아빠는 거실을 서성이며 씨
근덕거린다. 두 사람 모두 초췌하다.

엄마   아니, 며칠 기다려보라니, 그게 지금 할 말이에요? 도대체
       경찰이―,
아빠   (신경질 내며) 끊어. 끊어!
엄마   부탁드릴게요. 꼭 좀. 네. 네.
아빠   경찰이라구 뾰족한 수 있겠어?
엄마   (울먹이며) 도대체 다들 나한테 왜 이러는 거야? 나한테…

아빠, 뭐라고 한마디하려다 포기하고 나가며

아빠   한 바퀴 더 돌아볼 테니까, 학교 말이야. 담임. 담임한테 연
       락해봐.

68.   학성네 앞, 새벽

잠이 덜 깬 지우가 출근하는 학성을 배웅한다.

학성   세수 말끔하게 하고 들어가라. 집에 전화부터 넣고.
지우   (못 들은 척) 안녕히 다녀오세요.

69.   국정원 사무실, 낮

창밖을 내다보는 사내의 뒷모습.
안기철이 부동자세로 서 있다.

뒷모습   (버럭) 개자식들!

안기철, 움찔하는데

뒷모습   (목소리 깔며) 가족의 고통을 말이야… 정치적으로 말이
           야… 비열하지 않냐? 이런 걸 가지구 선동해대고 말이야.
           휴머니즘이 없어, 휴머니즘이. 자식들 말이야.
안기철   …
뒷모습   우리가 이 선생네 탈북했을 때… 그거 갖구 뭐 언론 플레
           이 하구 그랬어?
안기철   안 했죠.
뒷모습   얼마나 의연해? 응? 근데 이 자식들, 재입북한 걸 가지구
           TV에 틀어대구… 뭐 다 좋다 말이야. 근데 왜 시퍼렇게
           살아 있는 이 선생을, 죽었다고 설레발이냐는 거야. 설레
           발이. 그 아들놈두 그래. 지 아버지 꼬여서 내려왔다가 지
           마누라랑 새끼만 데리고 튄 주제에. 재입북 걸릴까 봐 이
           선생만 뺑끼로 남겨둔 거 아냐. 그래 놓고 뭐? 약 한 첩 못
           쓰고 어쩌고 어째? 뭘로 보는 거야? 세계 최고의 대한민국
           의료보험을 말이야…
안기철   …

뒷모습   (흥분을 가라앉히며) 뭔가 수를 내야 하는 거 아냐?

우물쭈물하는 안기철의 표정에서

70.   경비실 앞, 낮

재활용 수거 트럭에 짐을 싣는 인부들. 그들과 함께 힘겹
게 포대를 옮기는 학성. 마지막 포대를 싣고 트럭이 떠난
다. 허리를 펴며 경비실에 들어가 전화를 거는 학성.

71.   학성의 집, 낮

TV를 보며 낄낄거리는 지우.
전화벨이 울리자 무심결에 받는다.

(학성)   왜 아직 거기 있네?

72.   경비실, 낮

학성   알았다. 그럼 딴 데 가지 말고 거기 있으라우. 오늘은 저녁
에 퇴근할 테니까.

73.   학성의 집, 낮

지우   갈 데도 없다구요. (끊으며) 오예!

74.   슈퍼마켓, 낮

지우, 인스턴트 국과 햄 등을 바구니에 담는다.

75.   지우네 거실, 낮

초조한 표정의 지우 엄마가 휴대전화와 집 전화를 나란히
놓고 앉아 있다. 이때 초인종 소리. 화들짝 놀라 달려 나가
는 엄마.

엄마   지우니?

열면, 학성이 모자를 벗어 손에 쥔 채 꾸벅 인사한다.

76.   학성네 안팎, 저녁

저녁을 차리는 지우. 초인종이 울리자 "잠깐만요" 하면서
국을 두 그릇 퍼서 상에 올린다. 신이 나서 현관문을 여는

데, 학성 뒤에 엄마 아빠가 서 있다. 문을 쾅 닫는 지우. 문
고리를 잡고 버티는데

(엄마)   지우야 문 열어. 괜찮아. 혼낼라구 그러는 거 아냐. 약속
         할게.
(학성)   빨리 문 열라. 이게 무슨 경우네? 부모님 앞에서…
지우   진짜 세상에 믿을 사람 없구만!

그때 밖에서 번호 키 누르는 소리. 문이 벌컥 열리면서 문
고리를 잡고 있던 지우, 딸려 나온다. 아빠가 손목을 잡아
끌자, 체념한 듯 끌려가는 지우.

지우   (울컥하며) 배신자! 너무하는 거 아냐? 완전 속았어! 꼰대!
         간첩!

77.   차 안, 저녁

아빠는 굳은 표정으로 운전하고, 뒷좌석의 엄마가 지우의
얼굴을 보듬는다.

엄마   세상에! 어디서 이랬어?

신경질적으로 홱 얼굴을 돌리는 지우.

아빠	너, 각오해.
지우	(혼잣말로) 뭐래?
아빠	이번엔 그냥 못 넘어가.

못 들은 척 창밖을 내다보는 지우의 착잡한 표정에서

78.   학성의 집, 저녁

학성, 지우가 차려놓은 밥상을 발견한다. 김이 모락모락
올라오는 밥, 국 두 그릇과 지우가 좋아하는 것임에 틀림
없는 햄과 계란프라이가 담긴 접시. 가만히 상 앞에 앉는
학성. 수저를 드는데 그의 눈가가 촉촉하다.

79.   지우네 아파트 전경, 아침

다양한 교복 차림으로 현관을 나서는 학생들 모습 위로

(지우)   무슨 소리야? 학곤 어쩌라고?

80.   지우네 거실, 아침

바퀴 달린 트렁크를 들고 서 있는 엄마, 외투를 입는 아빠.

마주 선 지우의 당황한 표정.

아빠   니가 언제부터 학교 걱정했어?
지우   이건 너무하잖아. 갑자기…

81.   지우네 단지 일각, 아침

비질을 하던 학성, 빵빵 하는 소리에 비켜서는데
지우가 뒷좌석에서 창문을 열고 소리친다.

지우   배신자! 덕분에 나 완전 새 됐어! 새 됐─,

창을 닫고 출발해버리는 아빠.
학성이 멍한 얼굴로 지켜본다.

82.   차 안, 낮

점점 작아지는 학성의 모습을 바라보는 지우.

엄마   그래두 저 할아버지 덕분에 찾았지. 어쩌다 친해진 거야?
지우   누가 친해? 간첩이야. 간첩!
엄마   그 할아버지, 어제 와서는 이상한 소릴 하더라.
지우   ?

엄마	지우는 혼자서 잘할 수 있는 애다. 그저 정성껏 지켜봐주기만 해도 훌륭한 사람이 될 거다…
지우	쳇.
아빠	하여간 노인네들… 남의 집 일에 오지랖하곤.

CUT TO

논과 밭이 펼쳐진 시골 국도.

| 지우 | 뭐야? 농사지으러 가? |

엄마 아빠를 번갈아 보지만 둘 다 대답이 없다.

| 아빠 | 다 왔다. |

보면, 논밭 한복판에 휑뎅그렁하게 들어선 건물 한 동. 철조망 정문을 통과해 들어가는 차. 아연실색한 지우의 얼굴에서

83. 기숙학원 전경, 낮

'톱클래스 기숙학원'이란 큼직한 간판이 붙어 있다.

| (조교) | 환영합니다! 한지우 군! |

84.   기숙학원 상담실, 낮

빨간 모자를 쓴 생활지도 조교의 설명을 들으며 고개를 끄
덕이는 부모. 머리를 감싸 쥐고 답답해하는 지우.

조교   외출, 외박은 금지! 면회는 일주일에 1회, 휴대전화 반입
금지…

85.   경비실, 밤

보람이 학성과 이야기하고 있다.

학성   감옥?
보람   저도 몇 달 다녀봤는데요… 말이 학원이지 감옥이나 다름
없어요.

INSERT
보람의 설명에 맞춰 지우의 '감옥 생활'이 드러난다.

(보람)   아침 여섯 시 기상, 구보하고… 여덟 시부터 밤 열 시까
지 수업 듣고… 다시 새벽 한 시 반까지 자습하고… 대박
이죠.

운동장에서 새벽 구보를 하는 지우.

\# 강의실에서 멍한 얼굴로 수업을 듣는 지우. 벽시계가
빠르게 돈다.

\# 자습실에서 턱을 괴고 조는 지우의 팔을 지휘봉으로
밀어버리는 빨간 모자.

\# 숙소에서 침대에 기절하듯 쓰러지는 지우.

CUT TO

다시 경비실.

보람	맨날 그래요. 맨날.
학성	근데 거길 왜 가니?
보람	편하잖아요. 부모 입장에선… 거기 넣어놓으면 신경 안 써도 되니까. 돈만 주면 먹여줘, 재워줘… 뭣보다 자식새끼 속 썩이는 꼴 안 봐도 되고.
학성	아무리 그래도…

쓸쓸하게 입맛을 다시는 학성의 표정에서

86.   기숙학원 숙소, 밤

4인 1실의 방. 어깨가 축 처진 지우, 책을 선반에 올리는데
카세트테이프가 툭 떨어진다. #64에서 테이프를 지우에
게 건네는 학성의 음성.

(학성)   나중에 들으라우.

지우, 테이프를 만지작거리다 뭔가 생각이 난 듯 벌떡 일어난다.

87.   복도, 밤

체육복 차림의 지우가 살금살금 복도를 걷는다. 유리창으로 보이는 자습실 안에는 똑같은 체육복의 학원생들이 자습 중. 조교가 지휘봉을 든 채 꾸벅꾸벅 졸고 있다. '방송실' 문을 열고 들어가는 지우.

88.   방송실, 밤

어둠 속에서 장비를 더듬는 지우. 카세트 데크를 찾아내 테이프를 넣고 헤드폰을 쓴 뒤 플레이를 누른다. 바흐의 첼로 곡이 흘러나온다.

89.   복도, 밤

길고 어두운 복도에 바흐의 곡이 구슬프게 울려 퍼진다.

90.   자습실, 밤

조교가 음악 소리에 깨어 어리둥절해하는데, 통통한 여학
생 하나가 음악에 울컥하여 '크흑' 하며 책상에 엎어진다.

여학생   (울먹) 엄마…

91.   방송실, 밤

지우의 눈에 눈물이 맺힌다.

지우   (눈물을 훔치며) 에이.

92.   기숙학원 전경, 밤

깜깜한 기숙학원 운동장에 울려 퍼지는 D 단조의 첼로 선
율. 오토바이를 타고 그 앞을 지나던 늙은 농부가 '뭐지'
하는 표정으로 멈춰 서는데, 갑자기 음악이 뚝 끊기고 외
마디 고함 소리가 튀어나온다.

(조교)   한지우!

93.   기숙학원 복도, 밤

무릎을 꿇고 벌서는 지우.
창밖을 보면 검은 구름이 달을 가린다. 한숨을 쉬는 지우.

94.   몽타주

학교, 낮
수업 시간. 보람이 지우의 빈자리를 쓸쓸하게 바라본다.

학성의 집, 밤
화이트보드에서 지우가 남긴 낙서 '학성 동무 만수무강하
시라요!'를 발견한 학성의 애잔한 얼굴.

기숙학원 운동장, 저녁
듬성듬성 수염이 난 지우가 벤치에 앉아 철조망 밖을 멍하
니 바라본다.

95.   아파트 단지 일각, 새벽

자전거를 타고 퇴근하는 학성.

(목소리)   어이, 아저씨.

학성이 돌아보면, 추리닝 차림의 중년 남자가 손짓으로 부른다.

96.　　국정원 전경, 아침

안기철이 탄 승용차가 차단기 앞에 선다.

97.　　차 안, 아침

'자유自由와 진리眞理를 향한 무명無名의 헌신獻身'[1]이 새겨진 표석을 돌아 주차장으로 향하는 안기철. 근심 어린 표정이다.

98.　　안기철의 회상: 사무실, 밤

어두운 사무실에서 창밖을 바라보는 뒷모습.
안기철이 부동자세로 서 있다.

뒷모습　봤어? 유튜브?
안기철　네.

1　초고를 쓸 즈음의 국정원 표석 문구다. 지금은 '국가와 국민을 위한 헌없는 충성과 헌신'이다.

뒷모습	쫙 퍼졌어. 쫙. 영어 자막까지 달아서. 외국에서 어떻게 보겠냐 말이야? 응? 탈북하면 개고생하구, 아버지 아파도 병원도 못 가고 죽는 나라다. 대한민국이. 이렇게 볼 거 아니야?
안기철	…
뒷모습	안 되겠어.
안기철	?
뒷모습	맞불을 놓자. 저 자식들이 저렇게 구라를 치니까, 코를 납작하게 해주자 말이야. 이학성 선생이 여기 이렇게 살아 있다! 우리도 TV로 내보내자구.
안기철	그치만—,
뒷모습	너 승진할 때 됐지? 동기들은 다 한 거 같던데?
안기철	…
뒷모습	요번 건 깔끔하게 처리하고, 승진하자.
안기철	그, 그치만—,
뒷모습	이 선생 잘 설득해서… 아니, 설득이 아니라 무조건 출연시켜야 된단 말이야. 그래, 우린 뉴스 말고, 거 왜 만날 한 물간 연예인들 나와서 식전부터 질질 짜는 그런 프로 있잖아. 아침에 하는 거 말이야.
안기철	저어—,
뒷모습	토 달지 말고! 내가 우리 회사에서 승승장구한 이유가 뭔지 알아? 선배님 말씀에 토를 안 달았기 때문이야. 회사 명예가 걸린 문제란 말이야! 무조건 출연시켜! 무조건!

　　　　　　　　　이상한 나라의 수학자

99.   차 안, 아침

안기철, 시동을 끄고 '휴우' 한숨을 내쉬는데, 벨이 울린다.

안기철   네. 접니다만… (놀라며) 네? 경찰요?

100.   파출소 안팎, 낮

기고만장한 추리닝과 힘없이 앉은 학성이 보인다.

추리닝   탈북자? 내 이럴 줄 알았어. (경찰에게 동의를 구하듯) 그니까, 우리 대한민국 국민들이 낸 세금으로 먹여살리는 거 아냐. 저 탈북자들 말이야. 그럼 고분고분 열심히 일하면서 살아야지. 왜 도둑질이냐구. 이래 가지구 통일하겠어? 정말 수준 안 맞아서. 접때 택배두 몇 개 없어졌는데, 것두 저 노인네가 해먹었을 거야.

경찰   (추리닝에게) 조용히 좀 해봐요. (학성에게) 할아버지, 자전거 훔친 거 맞아요?

추리닝   물어볼 필요도 없다니까. 콱 콩밥을 먹여야 돼. 이 대한민국이 대충 빌붙어 사는 데가 아니란 걸 알려줘야 된다구.

학성   미안합네다. 잘못했습니다.

추리닝   이거 봐. 이거!

하는데, 안기철이 헐레벌떡 들어선다.

CUT TO

파출소를 나서는 학성과 안기철, 추리닝.

추리닝   탈북자 이런 것들은 말이야. 정부가 말이야. 그렇지, 국정
원. 국정원이 나서서 무슨 수용소 이런 데 싹 가둬놔야지.
이렇게 풀어놓으면 어떡하냐구. 무고한 시민들한테 이게
얼마나 위험한 거야. (안기철에게) 안 그래요?

안기철, 고개를 홱 돌려 추리닝을 노려보는데 눈빛이 위압
적이다.

안기철   적당히 합시다. 적당히.
추리닝   (주눅 들어) 그렇단 거죠.

101.   삼겹살집, 밤

안기철이 불판의 고기를 한 점 집어 학성 앞에 놓는다.

안기철   자전거가 필요하시면 말씀을 하시지…
학성   안 선생한테 면목이 없소.
안기철   아파트에서 해고됐으니… 일자리 필요하시잖아요?
학성   …
안기철   전에 말씀드렸던 곳… 지금이라도 가시는 게…
학성   고맙지만… 내가 알아보갓소.

안기철이 잔을 비운 뒤 학성에게 술을 권한다.

안기철   저어… 이 선생님.

학성   (동시에) 안 선생.

안기철   먼저 말씀하시죠.

학성   (주저하며) 혹시…

안기철   (무슨 얘긴가 하다가) 아! 잘 지내는 것 같습니다. 태연이도
          학교에 다닌다고 하고…

학성   그렇구만요. 고맙소, 안 선생.

안기철   별말씀을요.

학성   안 선생은 무슨 얘기하려고…?

안기철   아… 아, 고기 좀 더 드시죠? 아줌마 여기 이인분만 더
          줘요.

102.   차 안, 아침

운전하며 통화하는 안기철.

안기철   (놀라며) 버, 벌써요?

(뒷모습)   그래, 쇠뿔도 단김에 빼야지. 내일 아침 여덟 시 반까지 방
          송국으로 가. 내가 얘기해놨으니까.

안기철   근데—,

(뒷모습)   억지로 하는 것같이 하지 말고… 아버지를 버리고 간 비
          정한 아들! 이거 드라마잖아? 아줌마들 눈물 좀 쏙 빼놔.

223   초고

안기철   그―,

'딸칵' 전화 끊긴다. 안기철의 낭패한 표정에서

103.   기숙학원 매점, 낮

지우를 면회하는 엄마와 보람. 심드렁하게 앉아 빨대로 음
료수를 마시는 지우. 얼굴에 제법 수염발이 잡혔다.

엄마   면도는 왜 안 해? 면도기 부쳐줘?
지우   …
보람   할아버지 소식 들었어?
지우   할아버지? 왜?
엄마   좀 이상한 양반이더라.
지우   왜?
엄마   입주민 물건을 훔쳤다는데.
보람   (쏘아붙이듯) 자전거!
엄마   경찰서 끌려가고, 아파트에선 해고당하고 난리가 났었대.
          그니까 너도 그렇게 아무하고나,
지우   (버럭) 그런 거 아냐!

보람이 지우에게 흥분하지 말라는 눈짓을 보낸다.

지우   엄마. 엄마.

엄마	?
지우	나 다시 학교 보내줘. 학원도 안 빼먹고, 가출도 안 하고—,
엄마	안 돼. 몇 개월만 참아.
지우	(벌떡 일어서며) 몇 개월? 이만하면 충분히 벌 받은 거 아냐? 벌써 한 달도 넘었다구. 여긴 수용소야, 수용소. 감옥이라구!
엄마	이거 봐. 너 그 욱하는 거, 미국에서도 그랬고, 한국 와서도 가출이나 하고… 휴우… 여기서 공부도 공부지만 니 마음을 좀 다스려봐. 마음…
지우	(앉으며 사정하듯) 아냐, 엄마. 나 완전 착해졌어. 그니까…
(조교)	면회 시간 다 됐습니다.

일어나는 엄마의 팔을 잡고 매달리는 지우.

| 지우 | 어, 엄마. 그러지 말고… |

빨간 모자가 와서 지우를 떼어낸다.
그때 보람이 《수학의 정석》을 지우에게 건넨다.

| 지우 | 너 지금 이딴 걸 줄 때라고 생각하냐? |
| 보람 | (강제로 안기며) 니가 필요하다구 했잖아. |

104.   복도, 낮

복도를 걸으며 책을 펼쳐보는 지우. 옆에서 지나던 학원생
이 슬쩍 넘겨다본다. 책장을 도려낸 부분에 넣은 휴대전화
가 보인다. 놀란 지우, 황급히 책을 덮는데

학원생   어, 이거… 조교님!

학원생의 입을 틀어막는 지우.

지우   주, 죽을래?
학원생   (씩 웃으며) 삼십 분만 쓰게 해줘.
지우   (못마땅한 표정) 이따 점호 마치고 와.

105.   운동장, 저녁

나무 뒤에 숨어 전화를 하는 지우.

106.   학성의 집, 저녁

어두운 마루. 전화벨이 울린다. 자동응답이 받는다.

(지우)   할아버지, 저예요. 지우. 할아버지 없어?

이상한 나라의 수학자

107.　기숙학원 운동장, 저녁

지우　어떡해요? 나 때문에… 죄송해요. 근데 그 자전거 타지두
　　　않는 거였다구요. 바람도 다 빠지고… 할아버지, 해고됐
　　　다던데… 그럼 어떡해요? 돈 없잖아? 할아버지…

108.　산동네 정자, 밤

보람이 한강 야경을 폰으로 찍는다.

보람　이제 소년은 이곳에서 한강을 내려다보지 않습니다. 아니,
　　　내려다볼 수 없습니다.

전화벨이 울리자

보람　에이, 다시 가야겠네. (전화 받으며) 우달! 고맙지? 역시 누
　　　나밖엔 없지? 응, 응…

보람, 인기척에 고개 돌리면 학성과 안기철이 보인다.

보람　우달, 잠깐만. 내가 다시 걸게.

보람이 숨고, 학성과 안기철이 벤치에 앉는다.

학성	안 선생, 이 늙은이가 이렇게 부탁하갓소.
안기철	…
학성	저쪽 사람들, 누구보다 안 선생이 잘 알잖소. 내가 TV에 나가서 '나 살아 있네' 하면 우리 태연이네는—,
안기철	죄송해요. 위에서 내려온 지시라서… 저쪽에서 인터넷에 뿌리지만 않았어도—,
학성	안 선생. 나 살자고 이러는 게 아니잖소. 아들네는 어떡하오? 우리 태연이네 살려주시오. 안 선생. TV 나가는 거 말고는 내가 시키는 대로 다 하갓소. 안 선생이 죽으라면 내 죽갓소. 그러니 제발…

보람이 놀란 표정으로 이 광경을 촬영한다.

안기철	죄송합니다. 이 선생님. 저도 이렇고 싶진 않은데…
학성	안 선생…
안기철	(일어서며) 내일 아침에 모시러 오겠습니다.
학성	(매달리며) 안 선생… 그러지 말고 내 말 좀 들어보라우.

학성을 뒤로하고 걸어 나오는 안기철의 표정이 어둡다.
비척거리며 안기철을 따라오는 학성.

(학성)	안 선생! 안 선생… 제발!

안기철, 눈을 질끈 감고 도망치듯 달려간다.

109.   보람의 방, 밤

보람, 영상 파일을 갈무리한 뒤 '전송' 단추를 클릭한다.

보람   자, 간다!

110.   기숙학원 숙소, 밤

보람이 보낸 동영상을 보는 지우.
학성이 안기철에게 통사정하는 장면이 재생된다.

CUT TO
지우, 침대에 걸터앉아 손톱을 깨문다.

CUT TO
괴로운 표정으로 방을 서성인다.

CUT TO
결심한 듯 슬리퍼를 벗어 던지는 지우, 침대 밑의 운동화
를 꺼내 신으며 끈을 힘껏 조여 맨다.

111.   화장실, 밤

지우가 주변을 살피더니 창문을 열고 빠져나간다.

112.   몽타주

기숙학원 담장, 밤
지우가 가로등을 피해 학원 담장에 바짝 달라붙어 주변을
살핀다. 철조망 담장을 타고 넘는다.

국도, 밤
논밭이 펼쳐진 도로를 달린다. 지나가는 차에 손을 흔들지
만 아무도 태워주지 않는다.

신도시 유흥가, 밤
땀으로 범벅이 된 채 신도시의 휘황한 유흥가를 달린다.
달리는 지우와 부딪힌 취객이 나동그라진다.

113.   기숙학원 숙소, 밤

조교가 숙소에 들어와 점호를 하는 중.

조교   한지우… 이 자식… 점호도 안 하고 자?

지우 침상의 이불을 확 젖히면 베개 두 개가 보인다.

조교   뭐야? 어디 간 거야?

114.   신도시 유흥가, 밤

대로변에 줄지어 선 총알택시들.
땀으로 범벅이 된 지우가 택시로 달려가 올라탄다.

지우   (숨을 고르며) 서울이요! 서울 가주세요!

115.   지우네 거실, 밤

엄마와 아빠, TV를 보며 웃는데 전화가 울린다.

엄마   여보세요. 네. (쉬고) 네? 탈출요?

아빠를 바라보는 엄마의 황당한 표정에서

116.   보람의 방, 밤

보람이 방 안을 서성이며 통화 중.

보람	근데 우달이 니가 온다구 해결될 문제냐?
(지우)	그냥 두고 볼 순 없잖아. 어떻게든 막아야지. 안 되면 콱 들이받든가.

117.   택시, 밤

스물을 갓 넘긴 택시 기사가 껌을 짝짝 씹으며 지우의 통화를 듣다가 말을 건넨다.

기사	아저씨, 쌈 하러 가지? 몸빵하러 가는 거 맞지?
지우	그, 그냥 그럴 일이 좀 있어요.
기사	쌈질하러 다니는 것두 한때다.
지우	얼마나 걸려요?
기사	바쁘구나? 벨트 매. 내가 총알택시 계에선 좀 먹어주거든.

가속 페달을 꾹 밟자, 지우의 몸이 시트 등받이에 붙는다. 다른 차들을 요리조리 추월하며 엄청난 속도로 달리는 택시.

118.   안기철의 차, 밤

안기철이 차 안에서 학성의 집을 올려다본다.

119.   학성의 집, 밤

학성이 작은 배낭에 짐을 챙긴다. 만감이 교차하는 표정으로 방을 둘러보는 학성. 자동응답기가 깜박이는 걸 보고 재생 버튼을 누른다.

(지우)   할아버지, 해고됐다던데… 그럼 어떡해요? 돈 없잖아? 그럴려구 그랬던 게 아닌데… (훌쩍이며) 죄송해요. 나 때문에…

INSERT

#45에서

뒷자리에 학성을 태우고 자전거 페달을 밟는 지우. 붉은 노을 속으로 천천히, 부드럽게 나아가는 둘의 정겨운 실루엣.

CUT TO

다시 거실.

학성   (대답하듯) 아니다. 괜찮다.
전화기   더 이상 녹음된 메시지가 없습니다.

한숨을 쉬고 돌아보다가 가족사진을 집어 배낭에 넣는데, 뒤쪽에 감춰둔 약병이 달그락 쓰러진다. 잠시 고민하다가 약병을 챙기는 학성. 전등을 끄고 창밖을 살핀다.

120.   안기철의 차, 밤

학성의 아파트에 불이 꺼지자, 기지개를 켜는 안기철.
TV를 켜고 채널을 돌린다.

121.   학성네 앞, 밤

학성이 조심스레 문을 열더니, 허리를 잔뜩 숙이고 나온
다. 현관문을 가만히 닫고 비상계단 쪽으로 향한다.

122.   안기철의 차 안팎, 밤

안기철이 TV를 끈다. 학성의 집을 올려다보지만 복도 난
간막이 탓에 학성의 모습은 보이지 않는다. 하품을 하는데
급정거하는 택시. 지우가 내리더니 대뜸 아파트로 달려간
다. 안기철이 놀라 차에서 내린다.

123.   엘리베이터 앞, 밤

지우가 급하게 버튼을 누르지만 엘리베이터는 20층에서
내려오지 않는다. 비상계단으로 뛰는 지우.

124.   비상계단, 밤

계단을 달려 오르던 지우가 내려오던 학성과 부닥친다.

지우   어? 할아버지!

넘어졌던 학성이 고개를 들더니 놀란 표정으로

학성   아, 안 선생…

보면, 지우 뒤에 안기철이 가쁜 숨을 내쉬고 있다.

지우   당신 뭐야! 뭔데 할아버질 괴롭혀?
학성   지우야, 그만두라우.
지우   할아버진 가만히 계세요. (안기철에게) 꺼져. 다신 나타나
       지 마!

정지한 로봇처럼 지우를 보며 서 있는 안기철. 건달처럼
목을 우두둑 꺾는 지우.

지우   아… 나. 정말. 말이 말 같지 않아? 아저씨? 꺼지라고!

여전히 미동도 않는 안기철.

지우   (냉소를 날리며) 끝장을 보시겠다?

지우, 돌아서는 척하다 갑자기 안기철에게 와락 주먹을 내뻗는다. 학성의 식겁한 표정.

학성 지, 지우야!
지우 아, 아, 아!

지우, 안기철에게 팔을 꺾인 채로 쩔쩔맨다.

지우 이거 놔. 안 놔? 죽을래?

125. 학성네 집, 밤

학성과 지우, 안기철이 동그랗게 앉아 있다.

학성   미안합네다, 안 선생… 급한 마음에 그만…
안기철   …
지우   뭐가? 뭐가 미안해?
학성   가만히 좀 있으라우.
지우   이게 가만있을 일이에요? 지금 태연이네 아오지 탄광 같은 데 끌려가는 거 아냐? (학성에게 동의를 구하며) 맞지? (안기철에게) 아저씨도 국정원에 있으면 그거 다 알겠네. 그럼 할아버진 여기서 어떡하냐구. 당신 땜에 아들 손주 며느리 줄줄이 끌려가면? 기분이 어떻겠어? 응?

안기철, 가만히 듣기만 한다. 학성은 지우의 팔을 잡으며 말리려 하는데 지우, 뿌리치며 벌떡 일어나

지우   할아버지 수면제 모으고 있는 거 알아?

안기철, 놀란 표정으로 학성을 보는데

지우   죽으면 어쩔 거야?
학성   지우야!
지우   (울먹이며) 책임질 거야? 당신이? 할아버지 죽으면 어떡할 거냐구!

학성이 일어나 지우를 말린다. 지우, 못 이기는 척 뒤로 물러나다가 갑자기 안기철에게 와락 달려들어 쓰러뜨리더니 올라타고 목을 조른다.

지우   할아버지, 도망가. 빨리! (학성을 돌아보며) 아 뭐해? 빨리 튀라니까!

안기철은 켁켁대며 버둥거리고, 학성이 어쩔 줄 몰라 당황한다. 있는 힘껏 안기철을 제압하는 지우의 이마에 핏줄이 선다.

(엄마)   한지우!

보면, 열린 현관에 울상이 된 엄마와 아빠가 서 있다. 지우, 안기철, 학성이 놀란 표정으로 지우 부모를 바라보는 광경에서

126.   학성네 앞, 밤

지우 부모가 안기철에게 굽실거리며 사과한다. 아빠가 지우의 목을 잡고 강제로 안기철에게 인사를 시킨다. 떠나는 지우네 뒷모습을 바라보는 안기철의 표정이 복잡하다.

127.   지우의 방 안팎, 밤/새벽

지우가 풀이 죽은 채 책상에 턱을 괴고 앉아 있다.
방문 앞에 지키고 앉은 부모. 착잡한 표정이다.

CUT TO
지우의 아빠가 꾸벅꾸벅 졸고 있다. 방 안엔 지우가 책상에 엎드려 잠이 들었다. 창밖이 점점 밝아온다. 이때, '부르르' 진동하는 지우의 휴대전화.

128.   임대아파트 단지, 새벽

보람이 아파트 앞에서 통화한다.

보람   (떨리는 목소리) 우달!

보람의 뒤쪽, 아파트 입구에 구급차가 보인다. 들것을 밀
고 나와 차에 싣는 구급대원들. 긴장한 표정의 안기철이
차에 따라 오른다.

129.   지우네, 새벽

방문을 열다가 문 앞의 아빠와 뒤엉켜 넘어지는 지우.

아빠   뭐, 뭐야?
지우   이게 다 엄마 아빠 때문이잖아!
아빠   왜, 왜 그래?

맹렬하게 달려 나가는 지우. 허겁지겁 쫓아가는 아빠.

130.   차 안, 새벽

아빠가 차를 몰고, 지우는 조수석에 앉았다.

지우	할아버지 죽었으면 아빠도 공범이야.
아빠	…
지우	쫌 밟아요.

말없이 가속 페달을 밟는 아빠.

131.   구급차 안, 새벽

잠든 듯 평화로운 표정의 학성. 근심스러운 표정으로 지켜
보는 안기철. 그 옆에 약이 한 알 남은 약병을 들여다보며
통화하는 구급요원.

구급요원	위세척 준비해주시구요. (병을 흔들어보며) 스틸녹스네요. 수면제.

132.   국정원 사무실, 아침

잔뜩 주눅이 든 안기철이 부동자세로 서 있다.
뒷모습, '쾅' 하며 책상을 내리친다.

뒷모습	제정신이야?
안기철	…
뒷모습	지금, 때가 어느 때야? 이 사람아! 지금이 팔십 년대야? 그

렇게 생각 없이 밀어붙이는 경우가 어디 있냐 말이야!

안기철　죄송합—,

뒷모습　죽었으면 어떡할 뻔했어? 너 같은 놈 때문에 우리 회사가
　　　　맨날 욕을 먹는 거 아냐?

안기철　…

뒷모습　인터뷰고 나발이고 다 취소해!

안기철　네?

뒷모습　이 선생 한 번만 더 사고 치면 그땐 너두나두 다 끝장나는
　　　　거야.

안기철　보고서 작성해서—,

뒷모습　(목소리 깔며) 미쳤어? (쉬고) 이건 너랑 나만 아는 일이야.

133.　국정원 복도/화장실, 아침

안기철이 심각한 얼굴로 사무실을 나선다. 복도를 걸으며
조금씩 표정이 풀리더니 씨익 미소를 짓는다. 화장실에 들
어가 주머니를 털어 알약을 변기에 버린 뒤 물을 내린다.

INSERT
안기철의 회상.
학성네 집, 밤. #126에서 지우네 뒷모습을 착잡한 표정으
로 바라보던 안기철.

안기철　이 선생님!

학성	?
안기철	저 믿으시죠?

134.   병실, 낮

학성의 곁에 앉아 이야기를 나누던 지우, 안기철이 들어서
자 반색을 하며 일어나 하이파이브를 청한다. 그러나 무시
하고 학성에게 다가가는 안기철.

안기철	이제 안심하셔도 됩니다.
학성	고맙소, 안 선생.
안기철	해야 할 일을 한 건데요, 뭐.
지우	워~ 겸손 쩌는데?
안기철	선생님이 약을 드셨고, 그래서 전 병원으로 옮겼고, 그랬
	더니 회사에선 인터뷰를 취소했고… 그게 다인 겁니다.
학성	(끄덕)
지우	요 브로! 컴온!

팔을 뻗어 힙합 스타일의 허그hug를 시도하는 지우. 안기
철, 뻣뻣하게 선 채로 지우의 포옹을 어색해한다.

135.   지우네 거실, 낮

지우, 엄마, 보람이 앉아 대화 중.
보람이 지우 엄마에게 봉투를 하나 건넨다.

지우   야! 너!
보람   아줌마, 지우 학교 다시 올 거죠?
엄마   (봉투 뜯으며) 으, 응. 그래야지.
보람   그 봐. 어차피 다시 학교로 올 거니까…
지우   그렇다고 한 달 전 성적표를 굳이 가지고 올 거까진 없잖아?

성적표를 보는 엄마의 표정이 묘하다.

엄마   이, 이게 뭐지? 수학이…
보람   (엿보며) 헐!

지우, 성적표를 가로채서 보더니

지우   그니까. 내가 알아서 한댔지? (쉬고) 이게 다 이학성 동무
         덕이야.
엄마   경비 할아버지?

136.   병원 복도, 낮

안기철과 대화하는 지우 엄마.
인사를 하고 돌아서며 놀란 표정으로 혼잣말을 한다.

엄마   대박!

137.   병원 현관, 낮

학성이 안기철과 함께 퇴원한다.

안기철   지우한테도 말씀을 안 하신 거예요?
학성   그게 뭐 대단한 일이라구… 관둔 지도 벌써 오 년이 넘었
       는데…

138.   차 안, 낮

운전하며 통화하는 지우 엄마.

엄마   그냥 교수가 아니라, 김책공대 수학과 교수였대. (쉬고) 우
       리나라로 치면 카이스트나 포스텍 같은 데잖아. (쉬고) 그
       뭐라더라? 좌우간 수학 쪽에서 노벨상 같은 상이 있나 봐.
       그거 후보까지 올랐다던데?

139.　커피숍, 낮

학성과 지우 엄마가 차를 마신다.

엄마　과외 학생들은 제가 모을게요. 아마 엄마들이 난리가 날
　　　거예요. 경비 일은 너무 험하잖아요. 연세도 있으신데…

학성　신경 써주셔서 고맙습네다. 그런데…

엄마　아! 다 모여봐야 알겠지만, 월에 최소한 몇백은…

학성　것보다…

엄마　아마 천이 넘을 수도 있구요…

학성　그냥 조용히 살 수 있게 도와주시라요. (꾸벅) 부탁드립네다.

예상 밖의 반응에 말문이 막힌 엄마.

140.　산동네 주민센터 안팎, 밤

허름한 산동네 주민센터. 1층 구석방에 불이 환하다. 다가
가면 점점 커지는 아이들의 구구단 외는 소리. 학성이 칠
판 앞에서 아이들 여남은 명을 가르치고 있다.

학성　요 녀석들, 요거 아달맹이로구나. 내일은 육단부터 외는
　　　거다?

아이들　네~!

초고

이때 지우와 엄마가 피자를 여러 판 들고 들어온다.

아이들   와! 피자다!

창문으로 이 광경을 촬영하는 보람.

보람   다시 학교로 돌아온 소년은 자원봉사를 시작했고, 소년의 부모님도 아주 조금씩이나마 그를 이해하기 시작했다.

엄마가 시계를 가리키며 지우에게 '학원, 학원'이라고 입 모양으로 말한다.

지우   아… 쫌!

엄마와 지우가 학성의 눈치를 보며 티격태격한다.

보람   아직 갈 길은 멀지만…

141.   지하철 안, 낮

나란히 앉은 지우와 학성, 두 사람 모두 깔끔한 차림이다.

학성   어딜 가는 거네?
지우   생일 선물이라니까요.

이상한 나라의 수학자

학성	궁금하구나야.
지우	가보면 알아요. 이거 한번 들어봐요.

지우가 이어폰 한쪽을 학성의 귀에 꽂아주면, 갱스터 랩이
흘러나온다.

지우	좋죠?
학성	아이구야. 이거 욕이… 말도 못 하는구나!

장난기 가득한 지우의 표정에서

142.   공연장 로비, 저녁

지우, 학성의 팔을 끼며

지우	들어가요.
학성	이거 비싼 거 아니네?
지우	미친 거 아닌가 싶게 열~ 라 비싸요!

학성이 지우를 가만히 쳐다보면

지우	뭐지? 그 표정? (살펴보다가) 아니에요! 이건 용돈 모아
	서… (체념한 듯) 아빠가 사줬어요. 나중에 다 갚을 거예요.

이때, 공연 시작을 알리는 차임벨이 울린다. 학성의 손을 잡아끄는 지우. 끌려가는 학성의 표정이 흐뭇하다.

143.　　공연장, 저녁

학성과 지우가 자리에 앉으면, 뒤로 #90의 통통한 울보 여학생의 기대에 찬 얼굴이 보인다.

암전. 잠시 후 조명이 무대 중앙을 비추면, 백발의 첼리스트가 화사한 푸른색 셔츠 차림으로 인사한다. 박수 소리 잦아들면 바흐의 무반주 첼로 곡이 울려 퍼지기 시작한다. 지우가 학성의 손을 꼭 잡는다.

끝

화이트보드 메모들

초고 수정을 고민할 즈음, 화이트보드를 하나 들였다.

판서는 컴퓨터나 공책에 끄적이는 것하고곤 또 다른 맛이 있다.
앉은 채로 손가락만 까딱거리는 게 아니라,
선 채로 팔을 휘휘 내젓는 작업이라서 왠지 일을 하는 기분이 난다.
묘한 것은 한 발짝 물러서 보드를 보면 이야기의 전모를 장악하는 느낌이 든다는 점.
이른바 브레인스토밍에는 그 '기분과 느낌'이 도움이 된다.

생각이 벽에 부닥쳤을 땐 구글로 관련 이미지를 검색했다.
그걸 굳이 출력하고, 가위로 오려 보드에 붙이기도 했다.
괜한 짓 같지만, '수공예'를 하다 보면 의외로 실마리가 풀리기도 했다.

집필에 참고하려고 지우기 전 찍어둔 보드 사진이 각본집에 덧붙이는 자료가 됐다.
그나마 남들이 봐도 알아볼 만하고, 해상도가 괜찮은 몇 장을 추렸다.

Mathematische Forschungsinstitut Oberwolfach

2014 Fields Medal

Federal Republic of KOREA

2016年後

Hedde?

Min Point

事件簿

GÖMBÖC from Hungary

Corner... Epsilon...

knot!

arxiv...

敎授

工

학성의 스토리

학성이 남한에 온 이후 겪을 만한 일들을 상상했다.

왼쪽 중간 사진은 세계적인 수학자 에르되시 팔과
주목받는 수학자로 성장한 테렌스 타오의 꼬꼬마 시절 모습.
말풍선에 '엡실론'이라고 쓰여 있다.

복판의 사진은 필즈상을 거부하고 초야에 묻힌 '은둔의 수학자'
그리고리 페렐만.

오른쪽 아래는 아인슈타인의 연구실. 에필로그에서 학성과 지우가
다시 만나는 장면을 쓸 때 참고했다.

그 옆 동그라미는 수학의 노벨상으로 알려진 필즈상 메달.
20년쯤 지나 통일 한국의 지우가 수상하는 걸 상상했으나,
과한 설정 같아 뺐다.

화이트보드 메모들

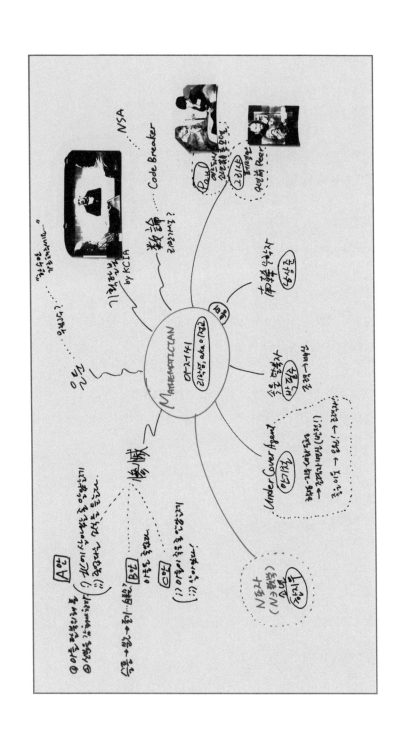

학성의 캐릭터 구축

초고의 학성은 칠순을 바라보는 할아버지였으나
수정을 거듭하며 50대 아저씨가 됐다.
그래서 성격은 물론, 세상을 바라보는 시선,
감정의 진폭과 결까지 도미노처럼 바뀌야 했다.

왼쪽 상단의 A ~ C 안은 아들 태연에 관한 상상이다.
결국 B 안을 채택했다.

중앙 하단에 국정원 요원 안기철과 탈북자 박필주의 변신도
간략히 메모했다.

한복판에 작게 쓰인 '이정교'는 필자가 존경하는
고교 시절 수학 선생님 성함이다.
여러 장면에서 그분을 떠올리며 썼다.

기기이드 후

(축제컨셉) 콘텐츠화

주안점
8 pie
미친짓

나영석 (무한도전?) 모사작

· Context

· 아이템 (콘텐츠 Meek Contest/Festival)

Money
+

CCTV

"하! 근데 괜찮아?"

위기의 소년

위기와 절정을 구성하는 시험지 유출 사건에 대한 고민들이다.

뻔한 클리셰 같아 넣지 않으려고 여러 번 고민했다.
복판에 쓰인 '필요한가?'가 그 흔적.
지금도 메모처럼 '위선과 불신만으로도 충분'하다는
생각이 없지 않다.

담임이 시험지 유출의 대가로 외제차를 뽑은 장면도 상상했다.
고민 끝에 아파트 로또 분양을 받아 목돈이 필요하다는 설정으로
대체했으나, 영화에선 빠졌다.

담임이 지우에게 금전적 회유를 하는 설정도 떠올렸으나
실제로 쓰진 않았다.

화이트보드 메모들

<인물간관계도 :?>

	현재	과거	미래	<미래>	<과거>	<현재>	<현재>
				△	×	○	×
				×	×	×	○

Best friend

Arc

레퍼런스 분석

이른바 '멘토—멘티' 관계를 그린 영화는 여럿이다.

뜬금없어 보이지만, '사부'와 '제자'가 등장하는
1980년대 무협영화들이 가장 전형적이다.

십수 편의 참고작 중 집중 분석 대상은 판서한 네 편,
〈여인의 향기〉, 〈파인딩 포레스터〉, 〈그랜토리노〉,
〈굿윌헌팅〉이었다.
멘티가 천재인지, 경제적 상황은 어떤지,
주인공이 처한 위험은 무엇인지,
결말에서 주인공은 무얼 얻는지 등 플롯 포인트에 주목했다.

영화가 개봉하고 〈굿윌헌팅〉과 비슷하다는 말을 많이 들었다.
수학이란 소재 탓이다.
그러나 필자는 네 편 가운데 오히려 닮은 구석이
가장 적다고 생각한다.
나머지 세 편은 '아저씨'가 주인공이지만, 〈굿윌헌팅〉은 소년이
주인공인 탓이다.

화이트보드 메모들

참고 도서

자료 조사를 위해 읽은 단행본은 대략 30권이다.

실질적인 도움이 된 것은 그 가운데 8권.
그렇다고 나머지 스물두 권을 검토한 것이 시간 낭비는 아니다.
자료 조사의 절반은 '얻는 일'이지만, 나머지는 '버리는 일'이기 때문이다.
필요 없는 자료를 걸러내야, 이야기의 잔가지를 과감히 쳐낼 수 있다.

목록에 넣지 않았으나 도움이 된 책도 있다.
《수학의 정석》은 집필 내내 책상 위에 펴둔 책이었다.
틈날 때마다 사들인 이른바 '시나리오 작법' 책들도 나름 유용했다.
생각이 막혔을 때 읽으면 실마리가 풀려 왠지 글이 술술 나올 것 같은 '근자감'을 준다.
대개 위안에 그칠 뿐 영감을 주진 않는다는 게 함정이긴 하다.

어느 수학자의 변명

G.H 하디 | 세시 | 2011

고드프리 하디는 그 자신이 뛰어난 수학자였지만, 대중에겐 인도의 천재 수학자 스리니바사 라마누잔의 멘토이자 동료로 더 잘 알려졌다. 학성이 수학의 아름다움을 이야기한 부분은 이 책에 기댄 바 크다. 하디는 수학이 미술, 음악, 시와 본질적으로 다르지 않다고 여겼다. 그는 리만 가설에 천착한 수학자이기도 했다. 다른 수학자들과 마찬가지로 증명에 도달하진 못했지만.

학문의 즐거움

히로나카 헤이스케 | 김영사 | 2008

역시 수학자가 쓴 에세이. 저자는 1970년 수학의 노벨상이라 불리는 필즈상을 수상했다. 그는 대학 입시 일주일 전까지 밭에서 거름통을 지다가, 대학 3학년이 돼서야 수학의 길을 택한 늦깎이 수학자다. 그가 꼽는 수학의 비결은 끈기다. "빨리 하는 것보다는 끝까지 해내는 것이 더 중요하다"는 것. 학성이 '수학적 용기'를 말하는 대목을 쓸 때 도움을 받았다.

로지코믹스

아포스톨로스 독시아디스 등 | 랜덤하우스코리아 | 2011

만화책이지만 내용의 밀도는 만만치 않다. 저자들이 응용수학이나 컴퓨터공학을 전공한 이들이다. 수학자이자 철학자였던 버트런드 러셀의 삶을 톺아가는 내용이 큰 줄기. 그러나 그가 교유했던 칸토어, 화이트헤드, 힐베르트, 비트겐슈타인, 폰노이만, 괴델, 튜링 등 당대의 내로라하는 수학자들이 줄줄이 등장하기에 20세기 초 현대 수학의 탄생을 생생하게 들여다볼 수 있다.

Gödel, Escher, Bach
더글러스 호프스태터 | 베이직북스 | 1999

다 읽지 못했다. 번역본을 읽다가 도무지 요령부득하여 원서까지 샀으나, 난독은 독자인 나의 과문 탓으로 돌릴 수밖에 없었다. 결국 사전을 찾듯 필요한 부분을 더듬더듬 발췌독했다. 괴델은 수학자, 에셔는 화가, 바흐는 음악가다. 학성이 바흐를 애호한다는 설정은 겉핥기식으로 읽은 이 책에서 착안했다.

리만 가설
존 더비셔 | 승산 | 2006

수학 전공자도 아닌 필자가 리만 가설의 어슴푸레한 그림자라도 느꼈다면 이 책 덕분이다. 고등학교 수학을 이해한다면 좀 더 쉽게 읽힌다. 그러나 수식과 그래프가 어렵다면 건너뛰어도 된다. 수학사를 이야기로 풀어낸 짝수 챕터만 읽어도 책값이 아깝지 않다. 리만 가설에 조금이라도 더 다가가고픈 마음에 다른 책도 여럿 읽었으나, 이 책이 가장 좋았다.

친절한 수론 길라잡이
조셉 실버만 | 경문사 | 2015

수학의 왕자로 추앙받는 가우스는 "수학은 만학의 여왕이고, 정수론은 수학의 여왕"이라 했다. 학성의 전공이 정수론이다. 이 책은 말랑한 제목과 달리, 대학 교재로도 쓰이는 수론 개론서다. 역시 완독하진 못했다. 책에 있는 연습 문제를 모두 풀어낼 욕심이 아니라면, 수학 비전공자의 지적 호기심을 자극하는 챕터가 더러 있어 듬성듬성 읽어볼 만하다.

수학자가 아닌 사람들을 위한 수학
모리스 클라인 | 승산 | 2016

900페이지가 넘는 벽돌 책이다. 요즘도 무작위로 펼쳐 몇 페이지씩 읽을 만큼 재미있다. 저자는 뉴욕대 수학과 석좌교수. '총명한 고등학생과 일반인' 즉, 문과생을 위해 쓴 책이다. 인간은 아무짝에도 쓸모없어 보이는 문제에 호기심을 갖는 존재. 그 특성이 수학을 연구하게 했고, 그 결과는 지극히 단순명쾌한 수식으로 표현됐다. 수학이 빚어낸 이 아름다운 결과물은 뜻밖에도 물리학, 천문학, 공학 등에서 지극히 실용적인 문제를 해결하는 토대가 됐다. 이 책은 학성이 수학을 하는 진짜 이유에 대한 화두를 던졌다.

우리 수학자 모두는 약간 미친 겁니다
폴 호프만 | 승산 | 1999

헝가리 수학자 에르되시 팔의 이야기. 전 세계를 떠돌며 여러 수학자와 수많은 공동 논문을 쓴 것으로 유명하다. 수학자는 왠지 괴짜일 것 같다는 선입견은 에르되시에게 딱 들어맞는다. 그는 자신을 "커피를 정리定理로 만드는 기계"라고 말할 정도로 수학에만 몰두했다. 극 중 꼬마 학성이 국제 수학 올림피아드에 출전했을 때 만난 노 수학자의 모델. '엡실론'은 실제로 에르되시가 아이들을 일컬을 때 사용한 자신만의 은어다.

이상한 나라의 수학자

1판 1쇄 발행	2022년 3월 30일
1판2쇄 발행	2022년 8월 05일
지은이	이용재
펴낸이	백영희
펴낸곳	(주)너와숲
주소	04032 서울시 금천구 가산디지털1로 225 에이스가산포휴 204호
전화	02-2039-9269
팩스	02-2039-9263
등록	2021년 10월 1일 제 2021-000079호
ISBN	979-11-976388-3-1 03680
정가	16,000원

ⓒ 이용재 2022

이 책을 만든 사람들

책임 편집	조혜린
교정	허지혜
홍보	박연주
디자인	지노디자인
마케팅	배한일
제작처	예림인쇄